平凡社新書
982

越前福井藩主 松平春嶽

明治維新を目指した徳川一門

安藤優一郎
ANDŌ YŪICHIRŌ

HEIBONSHA

越前福井藩主　松平春嶽●目次

プロローグ――幕末の第三極・松平春嶽…………8

第一章　春嶽、越前福井藩主となる――親藩大名の苦悩…………13

一　越前松平家と幕府の微妙な関係
結城家から越前松平家へ／松平忠直の改易と福井藩の誕生／「制外の家」越前家の拡大

二　春嶽襲封までの福井藩の苦難
国持大名として敬して遠ざけられる／所領の半減と財政窮乏／家格の上昇を目指す／春嶽、田安徳川家に生まれる

三　改革に着手する
側近中根雪江と財政再建／製造方創設と銃砲・火薬の製造

第二章　大老井伊直弼との対決――安政の大獄…………43

一　雄藩連合を模索する
ペリー来航と幕政の転換／参勤交代制の緩和を建言する／師父・島津斉彬／盟友となる有志大名たち

二　一橋派の結成
阿部正弘の死と徳川斉昭の失脚／慶喜の将軍継嗣を目指す／家定に輿入れした篤姫／日米修好通商条約の締結内定

三　藩士橋本左内の抜擢
藩校明道館の開設と橋本左内の登用／左内の政権構想／京都での朝廷工作
四　隠居に追い込まれる
井伊直弼の大老就任と将軍継嗣の内定／通商条約即時調印をめぐる暗闘／不時登城の敢行／春嶽の隠居／戊午の密勅と左内の死
第三章　政事総裁職への就任と横井小楠――慶喜・春嶽政権の誕生……85
一　殖産興業に努める福井藩
熊本藩士横井小楠の招聘／産物会所の設立／外国貿易への参入
二　悲願の幕政進出と政治理念
謹慎の解除と薩長の国政進出／政事総裁職への就任／横井小楠が建策した国是七条／文久の幕政改革と将軍家茂
三　京都での苦難と無断帰国
奉勅攘夷路線に転換した長州藩／京都守護職となった親藩会津藩／大政奉還論の提唱／追い詰められた春嶽／政事総裁職の辞職、帰国
四　挙藩上京の中止と藩内粛清
攘夷実行と小笠原長行の率兵上京計画／挙藩上京計画の浮上と雄藩連合の構想／上京中止と藩士の処分／文久三年八月十八日の政変と長州藩の京都追放

第四章　薩摩藩との提携路線を強める——「薩越同盟」の可能性……127
一　慶喜に振り回される
春嶽の再上京／参預会議への期待／春嶽、久光らの帰国／禁門の変に参戦する／参勤交代制復活ならず
二　薩摩藩との蜜月
薩摩藩主導による征長軍解兵／長州再征に反対する薩摩藩と福井藩／薩摩藩との交易を開始する
三　大政奉還を建言する
薩長盟約の成立／将軍家茂の死と征長の中止／慶喜に大政奉還を勧告する
四　薩摩藩との距離が広がる
四侯会議に込めた薩摩藩の思惑／薩長両藩との提携強化と春嶽の慶喜摂政案／土佐藩の大政奉還論登場
第五章　戊辰戦争という踏絵——新政府の主導権を奪われる……167
一　幕府の消滅と春嶽の新政府入り
薩長芸三藩の共同出兵協定成立／大政奉還建白書提出と討幕の密勅降下／春嶽の上京と親藩・譜代の大政再委任要求／新政府の政体をめぐる暗闘／王政復古のクーデターに巻き込まれた春嶽の苦悩

二　薩摩藩との対決
死を覚悟した慶喜との交渉／広がる薩摩藩への反発／慶喜の新政府入り内定
三　鳥羽・伏見の戦い
江戸での開戦／朝敵に転落した慶喜／後事を託された春嶽
四　慶喜助命に奔走する
慶喜、恭順の意思を伝える／孤立する春嶽と江戸開城／徳川家処分と福井藩の苦悩
第六章　維新後の春嶽——福井藩の消滅…………209
一　明治政府を去る
公議所が創設される／要職を歴任する／福井廃藩
二　幕末史の編纂に挑む
歴史の裏側を語る／波乱の生涯を終える
エピローグ——春嶽の歴史的役割…………221
松平春嶽関係年表…………226
参考文献…………230

プロローグ――幕末の第三極・松平春嶽

　最後の将軍徳川慶喜《とくがわよしのぶ》は大政奉還により江戸幕府の歴史にみずから幕を閉じた将軍として名を残すが、それよりも早く大政奉還を唱えていた大名がいた。徳川一門の親藩大名で、越前福井藩主の松平春嶽《まつだいらしゅんがく》である。大政奉還と浅からぬ因縁があった坂本龍馬を勝海舟《かつかいしゅう》に紹介したことで知られ、幕末の四賢侯（薩摩藩主島津斉彬《しまづなりあきら》、土佐藩主山内容堂《やまうちようどう》、宇和島藩主伊達宗城《だてむねなり》、春嶽）の一人にも数えられる。

　春嶽は主役にはなり切れなかったものの、幕末史のキーポイントに必ず登場している。その理由は何よりも春嶽そして福井藩の政治姿勢に求められる。幕府本体、その敵方となる薩摩藩などとも等距離外交を展開したことで、いわば第三極としての存在感を示していたからである。

　春嶽は徳川家独裁の政治を必ずしも志向せず、「公論」を旗印として諸侯会議すなわち雄藩連合論（共和政治）を模索する政治姿勢を取った。そのスタンスは春嶽の個性もさることながら、本書で明らかにするような福井藩が辿った歴史的経緯も大きかった。

こうして、福井藩は幕末の政局でキャスティングボードを握る。明治維新後、徳川一門でありながら春嶽が政治力を維持する理由にもなるが、その一方で徳川家独裁を維持したい幕府から強い疑念を持たれるのは避けられなかった。

幕府側にも春嶽と政治姿勢を共有する人物がいた。勝海舟である。勝との関係は非常に良好で、身分は違ったものの、あたかも盟友のような存在だった。勝は特に薩摩藩との太いパイプを背景に、江戸無血開城の立役者となる。西郷隆盛に代表される薩摩藩と勝の関係の深さは、幕末史ではよく指摘される点だろう。

一方、薩摩藩と春嶽率いる福井藩の深い関係は一般にはあまり知られていないのが現状である。しかし、幕末史研究をリードする町田明広氏が指摘しているように、福井藩と薩摩藩の関係はきわめて濃密だった。幕末の政治史を語る上で薩長両藩の関係に匹敵するほどの政治ラインを形成していた。

本書で明らかにするように、維新回天の推進力となったイメージが今なお強い「薩長同盟」よりも、「薩越同盟」と言えるような両藩の連携の方が幕末の政局を牽引していたのである。

しかし、両藩は慶喜の将軍擁立運動以来、十年余にもわたって政治行動をともにしたが、幕末の最終局面で袂《たもと》を分かつことになる。薩摩藩はパートナーを長州藩に変更し、武力で慶喜率いる徳川方を打倒する。こうして、明治維新が実現する運びとなるが、その過程では討幕には与《くみ》せない親藩たる福井藩の限界もみえ隠れしている。

幕末史は幕府VS薩摩藩・長州藩など外様諸藩の対抗関係で語られるのが一般的で、福井藩のような第三極の存在が注目を浴びることはあまりない。しかし、福井藩・薩摩藩の連携が崩れ、薩摩藩・長州藩が連合したことで権力闘争の決着がついたという事実は重要なポイントなのだ。

本書は幕末史の主役の一人松平春嶽の生涯を追うことで、そんな知られざる歴史の裏舞台に迫る。薩摩藩、長州藩、土佐藩、あるいは幕府や会津藩が主役の幕末史からは零《こぼ》れ落ちてしまう事象を集め、春嶽や福井藩からの視点で新たな幕末史の構築を目指すものである。

各章の内容は次のとおりである。

第一章「春嶽、越前福井藩主となる——親藩大名の苦悩」では、春嶽の政治姿勢の背景となった福井藩の歩みに注目する。そこには、親藩大名でありながら、幕府から敬して遠ざけられてきた越前松平家一門を率いる福井藩の複雑な成り立ちが影を落としていた。

第二章「大老井伊直弼《いいなおすけ》との対決――安政の大獄」では、薩摩藩など外様大名との連携により幕政進出を目指した春嶽の意図に迫る。朝廷を巻き込む形での政治運動は大老井伊直弼の前に挫折し、春嶽の政治生命は絶たれたかにみえた。

第三章「政事総裁職への就任と横井小楠《よこいしょうなん》――慶喜・春嶽政権の誕生」では、薩摩藩の後押しにより政治的復権を遂げた春嶽が、政局の舞台となった京都からの退去に追い込まれる過程を追う。その後、挙藩上京路線をめぐり福井藩内は分裂する。

第四章「薩摩藩との提携路線を強める――「薩越同盟」の可能性」では、薩摩藩との連携を強化することで、慶喜や幕府を牽制する役回りを演じた春嶽の意図を探る。第三極としての政治力が発揮された時期でもあった。

第五章「戊辰《ぼしん》戦争という踏絵――新政府の主導権を奪われる」では、薩摩藩との連携が崩れていった背景を明らかにする。鳥羽・伏見の戦いを機に、春嶽の新政府内での影響力は低下せざるを得なかった。

第六章「維新後の春嶽――福井藩の消滅」では、明治維新後の春嶽の事績を追う。公職を退いたあとは幕末史の編纂に余生を捧げた。

「エピローグ――春嶽の歴史的役割」では、幕末史における春嶽の歴史的役割を総括する。

以下、春嶽の生涯を通じて、一般には知られていない幕末史を解き明かしていく。

第一章　春嶽、越前福井藩主となる

——親藩大名の苦悩

一　越前松平家と幕府の微妙な関係

結城家から越前松平家へ

　福井藩の祖として位置付けられている結城秀康《ゆうきひでやす》は、徳川家康の次男として生まれたが、家康の跡継ぎとして将軍職を継承したのは、長男信康《のぶやす》が自害したあとも、すぐ下の弟・秀《ひで》忠《ただ》とその子孫であった。この家康の選択が、徳川将軍家率いる幕府と福井藩の関係を微妙なものにしていく（図1）。

　江戸幕府には、将軍職の継承に際しては直系（長子）相続のルールがあった。資質よりも年長であることが優先されたが、そこには相続争いを防いで徳川の世を盤石なものにしたいという初代将軍家康の意思が込められていた。二代将軍秀忠の跡継ぎを決める際にはそのルールに基づき、秀忠夫妻が目をかけていた次男忠長《ただなが》ではなく長男家光《いえみつ》を跡継ぎに定めた。家光には三代将軍の座が約束された。

　天正七年（一五七九）、家康は徳川家の内紛を収めるため、長男信康に自害を命じざる

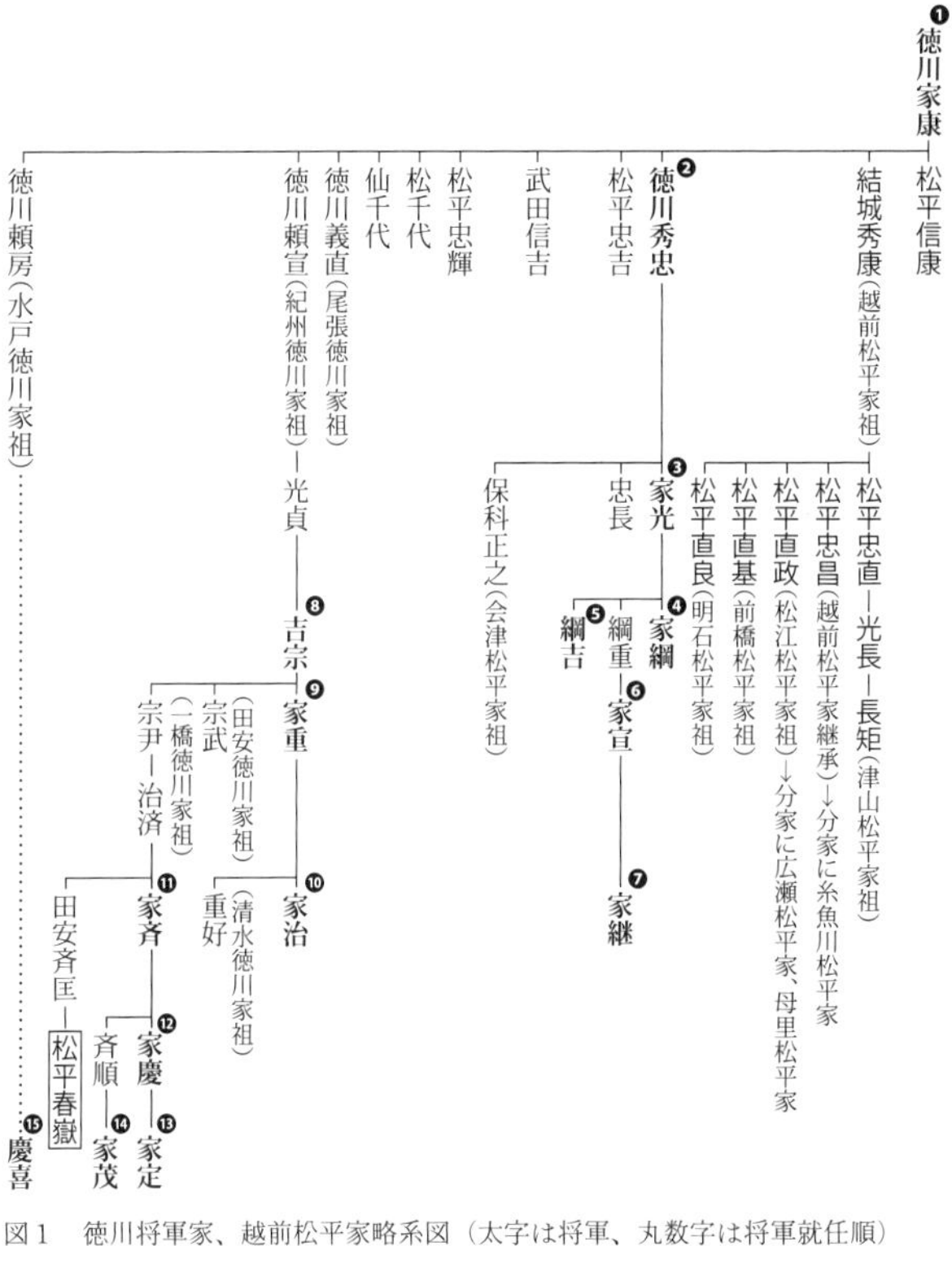

図１　徳川将軍家、越前松平家略系図（太字は将軍、丸数字は将軍就任順）

を得なくなった。長幼の順からすれば次男秀康が跡継ぎとなるはずであったが、家康が跡継ぎに指名したのは秀忠だった。家康には多くの子どもがいたが、もともと秀康のことは嫌っていたという。

家康と豊臣秀吉が戦った小牧・長久手の戦いののち、秀康は秀吉のもとに養子に出された。事実上の人質であったが、秀吉が天下統一事業を完了させた小田原攻めののち、その命により下総《しもうさ》の名族結城家の養子となり、ここに結城秀康が誕生した。石高は十万石余だったが、家康が関ヶ原合戦に勝利して天下人となると、越前国六十八万石を与えられ、北《きた》ノ《の》庄《しょう》城を居城と定めた。

これはのちの御三家筆頭尾張家を上回る石高であり、徳川一門の親藩大名ではトップの

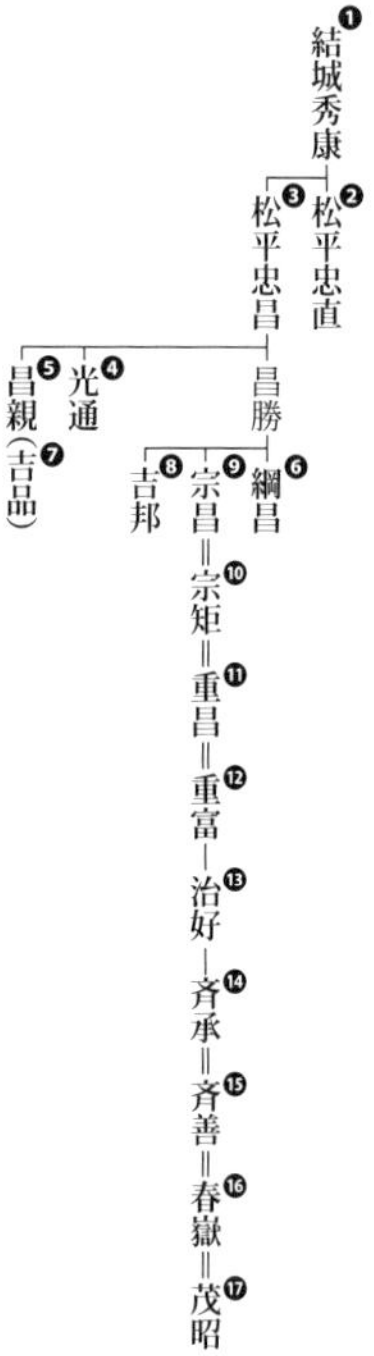

図２　越前松平家歴代当主（太字は当主、丸数字は当主就任順）

石高を誇った。弟でありながら兄を差し置く形で徳川宗家を継いで将軍となった秀忠や、父家康による配慮があったのは言うまでもない。気を遣ったのだ。長幼の順に従えば、秀忠に代わって秀康が二代将軍となっても何の不思議もなかったからである。

秀康の時代は結城姓のままであり、徳川家の旧姓松平を名乗るのは次の忠直《ただなお》の時代に入ってからという。名実ともに越前松平家が誕生するのだが、その次の忠昌《ただまさ》の時代に北ノ庄は福井と改められ、福井藩松平家が誕生する。さかのぼる形で秀康は福井藩祖と位置付けられたが、越前一国を与えられた由緒から越前藩とも称された（図2）。

松平忠直の改易と福井藩の誕生

江戸開府から四年後の慶長十二年（一六〇七）、秀康は三十四歳の若さで病死する。二年前の同十年（一六〇五）に、弟の秀忠が二代将軍となっていた。

秀康の跡を継いだのは長男忠直だが、秀忠は三女勝姫《かつひめ》を嫁がせ、徳川将軍家と越前松平家の絆を強めることに意を注ぐ。引き続き気を遣ったことになるのだが、やがて関係が悪化する。その大きな契機となったのが、豊臣家滅亡に至る慶長二十年（一六一五）の大坂夏の陣での論功行賞だった。

このとき、家康本陣への突入をはじめ、獅子奮迅の働きをみせた真田幸村の軍勢を打ち破り、幸村を討ち取るなど、忠直率いる越前松平家の軍勢は奮戦した。

しかし、家康は茶器「初花肩衝《はつはなかたつき》」をもって恩賞に代えただけだった。加増の沙汰はなかったのだ。忠直としては不満を抱かざるを得ない。

そもそも、忠直には父秀康が秀忠に代わって将軍の座に就いても不思議ではなかったという意識があったはずだ。要するに、自分が将軍であっても不思議ではない。

ところが、越前松平家は秀康の弟にあたる義直《よしなお》（家康九男）、頼宣《よりのぶ》（家康十男）、頼房《よりふさ》（家康十一男）をそれぞれ藩祖とする尾張・紀州・水戸家よりも格下に位置付けられた。三家は将軍職を継ぐ資格を持つ徳川御三家となるが、越前松平家にその資格は与えられなかった。

忠直の幕府に対する不満は募っていった。大坂夏の陣から三年後にあたる元和四年（一六一八）頃から、病気を理由に将軍のお膝元江戸に参勤しなくなるのだ。

参勤交代の制度が確立するのは三代将軍家光の時代だが、秀忠の時代から諸大名による江戸参勤ははじまっていた。幕府への忠誠を誓うため、諸大名は競って江戸に参勤したのだ。そうしたなか、江戸参勤を拒否することは幕府への反逆行為と解釈されても仕方なかった。

しかし、秀忠は特に処分は科さなかった。当主が娘婿で甥でもある越前松平家との関係が悪化するのを懸念したのだろう。参勤を督促するにとどめており、ここでも越前松平家との関係に気を遣う秀忠の姿が浮かび上がってくる。

ようやく、元和七年（一六二一）に入って、忠直は江戸参勤の途に就くが、その途中、関ヶ原で行列を止める。関ヶ原に長くとどまったあと、病気であると称して北ノ庄に引き返してしまう。代わりに、勝姫との間に生まれた嫡子光長《みつなが》を江戸に向かわせた。翌八年に再び江戸参勤の途に就くも、このときも途中で引き返しており、幕府との関係は悪化の一途を辿る。

さらに、重臣永見貞澄《ながみさだずみ》の一族を討ち滅ぼす所行にまで及んだため、家臣団は恐慌状態に陥る。藩内の動揺は激しかった。正室勝姫付の侍女を手にかけたという言い伝えまで残されている。精神的に不安定だった様子が窺《うかが》えるが、一連の藩内の混乱を受け、秀忠の越前出陣まで取沙汰された。

ついに、秀忠は忠直の行状を黙殺できなくなり、隠居して家督を光長に譲るよう求めた。元和九年（一六二三）二月のことである。拒否すれば討伐の対象になったかもしれないが、忠直は秀忠の求めに従って隠居し、翌三月に配所先の豊後国《ぶんご》へと向かった。事実上の改易処分であった。

同年七月に、秀忠が将軍職を嫡男家光に譲る政治日程がすでに組まれていた。秀忠としては、徳川一門内がゴタゴタした状態で幕府の代替わりを迎えるのは得策ではなく、ギリギリの段階で決断したのだ。

家督を継いだ光長は、寛永元年（一六二四）五月に越後国高田で二十五万石を与えられた。半分以下に減封された上での転封だったが、代わりに北ノ庄に入ったのは、忠直の異母弟で越後高田藩主だった忠昌である。

それまで、忠昌は二十五万石の身上であったが、一躍五十万石に倍増の上、北ノ庄に入った。その後、北ノ庄を福居そして福井と改め、福井藩松平家の歴史が本格的にはじまる。

「制外の家」越前家の拡大

福井藩松平家は越前藩、越前家と称されたが、「制外の家」という呼称もあった。将軍秀忠の兄を藩祖とする家柄であったことから、将軍の規制の及ばない特権的な家として処遇されたことを示す呼称だ。徳川一門でありながら、幕府としては扱いに苦慮する大名家であったことがよくわかる表現でもある。

徳川将軍家（宗家）と越前家の間には微妙な空気が流れていた。幕府は越前家に非常に気を遣ったわけだが、越前家には将軍となれなかったことへの不満が渦巻いていたことは否めなかった。将軍職を継承できる御三家の藩祖にしても、越前家からみれば藩祖秀康の弟に過ぎなかったからだ。

そんな不満が爆発したのが二代藩主忠直の時代であり、この微妙な空気はその後も続く。福井藩が紆余曲折の歴史を辿る要因にもなった。

親藩大名の別称で、家康の子孫を藩祖とする大名家を指す「御家門」も、元はと言えば御三家と越前家を指す言葉であった。しかし、御三家が将軍職を継承する家として別格扱いとされたことで、御家門は越前家とその一門の通称となる。

福井藩松平家は五十万石の大名として再出発したが、藩内の混乱はなお続いた。これを問題視した幕府により、所領は一時二十五万石にまで減封されるが、その後少し加増されて三十二万石で明治維新を迎えることになる。幕府と越前家の微妙な関係を象徴するような石高の推移であった。

越前家と一門の大名は、福井藩松平家と高田藩松平家だけではない。忠昌が北ノ庄への転封を命じられた翌月にあたる寛永元年六月に、その弟三人も大名に取り立てられた。秀康の三男直政《なおまさ》が越前大野五万石、五男直基《なおもと》が越前勝山三万石、六男直良《なおよし》が木本二万五千石を与えられ、越前家一門は五家八十六万石となった。

その後、直政は加増を重ね、出雲国松江で十八万六千石を与えられた。松江藩松平家が誕生したが、歴代の松江藩主には茶人としても知られる松平不昧《ふまい》もいる。不昧は号で、実名は松平治郷《はるさと》である。

直基も加増を重ね、姫路十五万石を与えられた（前橋藩松平家祖）。その跡を継いだ松平直矩《なおのり》は何度も転封を経験した大名として名前が挙がることが多い。六男直良については子の直明《なおあき》の代に播磨明石に転封され、明石藩松平家が誕生する。石高は六万石に増えていた。なお、高田藩主となっていた松平光長は越後騒動と呼ばれたお家騒動の責任を取らされ、五代将軍綱吉により改易に処せられる。しかし、元禄十一年（一六九八）に光長の養子松平長矩《ながのり》が美作《みまさか》津山で十万石を与えられ、津山藩松平家として復活を遂げている。

そのほか、福井藩の分家として越後糸魚川《いといがわ》藩（一万石）、松江藩の分家として広瀬藩松平家（三万石）と母里《もり》藩松平家（一万石）があり、幕末の頃には秀康の系統を引く家は八家となっていた。

幕府と越前家の関係は微妙だったものの、その一門の大名は八家にも及び、総石高は百万石をゆうに超えた。将軍家になっても不思議ではなかった「制外の家」に対する幕府の配慮が数字上でも改めて確認できる。

越前家は一門の総石高が百万石を超えたものの、親藩大名であるため幕政に関与する道は封じられた。そもそも幕府の役職に就けるのは、徳川家の家臣から大名に取り立てられた譜代大名だけである。

幕府と越前家の微妙な関係を踏まえると、本来は将軍家を継ぐ家柄であったことを考慮して大封を与える代わりに、その政治的発言を封じ込めたい幕府の強い意思が秘められていたと言えよう。

二　春嶽襲封までの福井藩の苦難

国持大名として敬して遠ざけられる

大名は基本的に将軍との関係で類別された。親藩、譜代、外様である。時期により推移はあるが、幕末の頃、大名の総数は二百七十名弱で、そのうち親藩大名は二十名強、譜代大名は百五十名弱、外様大名は百人弱だった。

親藩大名は越前家をはじめ徳川一門の大名を指す。譜代大名は徳川家に仕えてきた家筋の大名で、父祖の代から家康（松平家）に仕え、天下人つまり将軍の座に押し上げた家臣団のうち、一万石以上の石高を有した者のことである。江戸開府後、新たに幕府の家臣となって大名に取り立てられた者も譜代大名に含まれる。

幕府の役職に就けるのは譜代大名に限られ、親藩大名は将軍からの特命がない限り、幕政には関与しないのが原則である。将軍としては、親類筋の大名に同族ということで意見されるのを封じ込めたいという思いが強く、越前家はその筆頭格のような大名だった。一方、家臣筋の大名ならば、そうした懸念はない。

外様大名は、家康が豊臣家に代わって天下人の座に就いたことで主従関係を取り結んだ大名である。秀吉の時代は家康と同列の大名だったが、家康が天下分け目の関ヶ原合戦に勝利したことで、やむなく臣下の礼を取った歴史的経緯があった。外様大名も親藩大名と同じく幕政に関与する道は封じられたが、幕末に入ると幕政への進出を目指すようになる。

総じて、大名は将軍との関係が近いほど高く、遠いほど低く格付けされたが、それ以外の原則もあった。その大名が辿ってきた歴史や由緒である。

徳川家が将軍に任命されて武家の棟梁となったことで、すべての大名はその幕下に組み入れられたが、豊臣家のもとで同列だった大名との関係はかなり微妙であった。外様大名と格付けして幕府の政治から遠ざけ、その所領も江戸から遠ざけたが、江戸時代以前からの歴史的な経緯を踏まえ、その由緒を重んじる処遇を与えることもみられた。

一ヵ国以上、あるいはそれに準じる規模の所領を支配する外様大名については「国持《くにもち》大名」と格付けし、優遇したのだ。俗に「国持十八家」と称された大名たちで、「国主」とも呼ばれた。国持大名の数には諸説あるが、十八家とは以下の大名である。

・加賀藩前田家（加賀・能登・越中百二万石余）
・薩摩藩島津家（薩摩・大隅・日向七十七万石）
・仙台藩伊達《だて》家（陸奥六十二万石）
・熊本藩細川家（肥後五十四万石余）
・福岡藩黒田家（筑前五十二万石余）
・広島藩浅野家（安芸四十二万石余）
・長州藩毛利家（長門《ながと》・周防《すおう》三十六万石余）
・佐賀藩鍋島家（肥前三十五万石余）
・津藩藤堂家（伊勢・伊賀三十二万石余）
・鳥取藩池田家（因幡《いなば》・伯耆《ほうき》三十二万石余）
・岡山藩池田家（備前三十一万石余）
・徳島藩蜂須賀《はちすか》家（阿波二十五万石余）
・久留米藩有馬家（筑後二十一万石）
・秋田藩佐竹家（出羽二十万石余）
・土佐藩山内家（土佐二十万石余）

・米沢藩上杉家（出羽十五万石）
・福井藩松平家（越前三十二万石）
・松江藩松平家（出雲十八万石余）

の十八家だ。

加賀藩以下の十六家はいずれも外様大名だが、福井藩と松江藩は越前松平家とその一門である。興味深いことに、福井藩と松江藩も国持大名の範疇とされたのだ。いみじくも幕府から外様大名のように処遇されたことが浮き彫りにされているが、親藩大名にしても幕政への発言権を持っていない点では外様大名と変わりはない。越前松平家に限らず、親藩大名は幕府から敬して遠ざけられていたのが実態だった。

国持大名の総石高は二十数ヵ国で七百万石を超えており、幕末の政局に雄藩として登場する藩ばかりだ。薩摩藩・長州藩を筆頭に、幕府への対抗勢力として台頭するのは幕末史が明らかにしているところである。

国持大名は幕府から大封を与えられた一方で、親藩大名と同じく敬して遠ざけられたわけだが、幕府が取ったスタンスについて、国持大名の第五代仙台藩主伊達吉村《よしむら》は、「家臣でもなく、かといって客人でもないような対応」と語っている。

国持大名も徳川将軍家と主従関係にあり、臣下の礼を取ってはいるものの、完全に家臣というわけではなかった。といっても、同格の客人でもない。幕府との微妙な関係を表した貴重な証言と言えよう。

そうした幕府と国持大名の微妙な関係が幕政から排除させ、所領も江戸から遠ざける背景となったのだが、その分、他の大名に比べて優遇する姿勢を取らせた。従四位《じゅしい》以上の官位（一般の大名は従五位が相場）を与えたほか、徳川一門であることを示す松平の称号も下賜したのである。

所領の半減と財政窮乏

秀康・忠直の時代、福井藩は国持大名の名にふさわしい六十八万石の所領を誇ったが、忠直の行状が幕府から問題視された結果、藩主交代となる。弟忠昌が三代目藩主となり、五十万石の大名として再出発したが、その後も藩内の混乱は続いた。なかでも、忠昌の孫で六代目藩主となった綱昌《つなまさ》の時代、福井藩は激震に見舞われる（以下、福井藩についての記述は特に注記しない限り『福井市史』『福井県史』、本川幹男ほか『幕末の福井藩』参照）。

天和元年（一六八一）三月、江戸在府中の藩主綱昌が病のため江戸藩邸に引き籠り、登城も帰国もできない状態となる。時の将軍は五代綱吉だが、この状況を黙殺できず、貞享三年（一六八六）閏三月に至って所領を没収した。改易である。

そして、綱吉が前藩主昌親《まさちか》に新規に二十五万石を与えると、昌親は吉品《よしのり》と改名し、七代目福井藩主となる。

所領が約半減したことで藩士のリストラは必至の情勢となり、藩内は大混乱に陥った。新たに召し抱えられた形となった藩士にしても、原則として家禄は半減の処置が取られた。所領の半減により、福井藩の家格の低下も避けられなかった。福井藩の歴史において、二十五万石への減封は「貞享の半知」「貞享の大法」と呼ばれた大事件となる。

以前より福井藩は財政難に喘《あえ》いでいたが、貞享三年に所領が半減したことで、その傾向に拍車がかかる。歴代藩主にとり、財政難の克服は大きなテーマとなるが、八代目藩主吉邦《よしくに》の時代は財政状況も好転したようだ。

吉邦の跡を継いで九代目藩主となったのは、分家の松岡藩主松平昌平《まさひら》である。その際、松岡藩が廃藩となって松岡五万石が福井藩に吸収されたため、所領は三十万石に増えた。福井藩主就任に伴い、昌平は名を宗昌《むねまさ》と改める。

しかし、貞享三年の所領半減により家格が低下したことは、福井藩にとり由々しき問題であった。家格を示す藩主の官位や官職が従四位下の少将どまりになっていたため、福井藩としては以前のように正四位下の中将にまで藩主を昇格させたかったのである。正四位下の中将となることで、同じ親藩の会津藩松平家とも同格となれる。

そのため、十代目藩主の宗矩《むねのり》は将軍家から養子を迎えることで、福井藩の悲願を叶えようとはかる。大名は将軍に近いほど高く格付けされたため、将軍の子や孫を藩主に迎えることで福井藩の家格をアップさせようと考えたのである。

家格の上昇を目指す

延享四年（一七四七）、宗矩は一橋徳川家当主宗尹《むねただ》の長男重昌《しげまさ》を養子に迎えることを幕府から認められた。一橋徳川家は御三家紀州家から将軍家を継いだ八代将軍吉宗が創設した家で、いわゆる徳川御三卿《ごさんきょう》の一つだった。

吉宗は長男家重《いえしげ》に将軍の座を譲ったが、その弟宗武《むねたけ》と宗尹は分家させて田安徳川家と一橋徳川家を創設した。家重には跡継ぎがいたものの、その血筋が絶えたときは両家から継嗣を迎える目論見である。自分の子孫で将軍職を継承させたい吉宗の意図が秘められていた。

九代将軍家重は長男家治《いえはる》に将軍の座を譲ったが、弟の重好《しげよし》を分家させて清水徳川家を創設する。御三家に対し、吉宗の血筋から生まれたこの三家は御三卿と称され、ここに将軍家の血統が絶えたときは御三家に加えて、田安・一橋・清水徳川家から継嗣を迎えるルールが生まれた。なお、石高は三家とも同じ十万石だった。

御三家が城持ちの独立した大名であったのに対し、御三卿は城を持たず、いわば将軍家の家族として江戸城の城門近くの屋敷に住んでいた。これに目を付けた宗矩は御三卿から養子を迎えようと運動し、一橋家から吉宗の孫にあたる重昌を養子に迎えることに成功した。

寛延二年（一七四九）、宗矩の死去を受けて重昌が家督を相続し、十一代目藩主に就任する。このとき、重昌はまだ七歳であったため、実父の一橋宗尹が後見することになった。福井藩と一橋家との絆はさらに強まるが、宝暦八年（一七五八）に重昌は死去してしまう。そのため、福井藩は幕府に運動し、今度は弟重富《しげとみ》を養子に迎えた。二代続けて一橋家から養子を迎えた福井藩は将軍との距離がさらに近くなり、藩主が念願の正四位下の中将に昇ることになる。

将軍の家族である御三卿から養子を迎えたことで官位・官職すなわち家格をアップさせた福井藩は、この宝暦期に江戸城での殿席が「大広間席」から「大廊下席下之部屋」に昇格する。殿席とは控席のことである。

大名の殿席には、譜代大名の席である溜《たまり》之間、帝鑑《ていかん》之間、雁之間、菊之間縁頬《きくのまえんがわ》と、親藩大名・外様大名の席である大廊下、大広間、柳《やなぎ》之間の合わせて七つがあった（図3）。時期により変動があるが、天保六年（一八三五）の数字によると、溜之間（九家）、帝鑑之

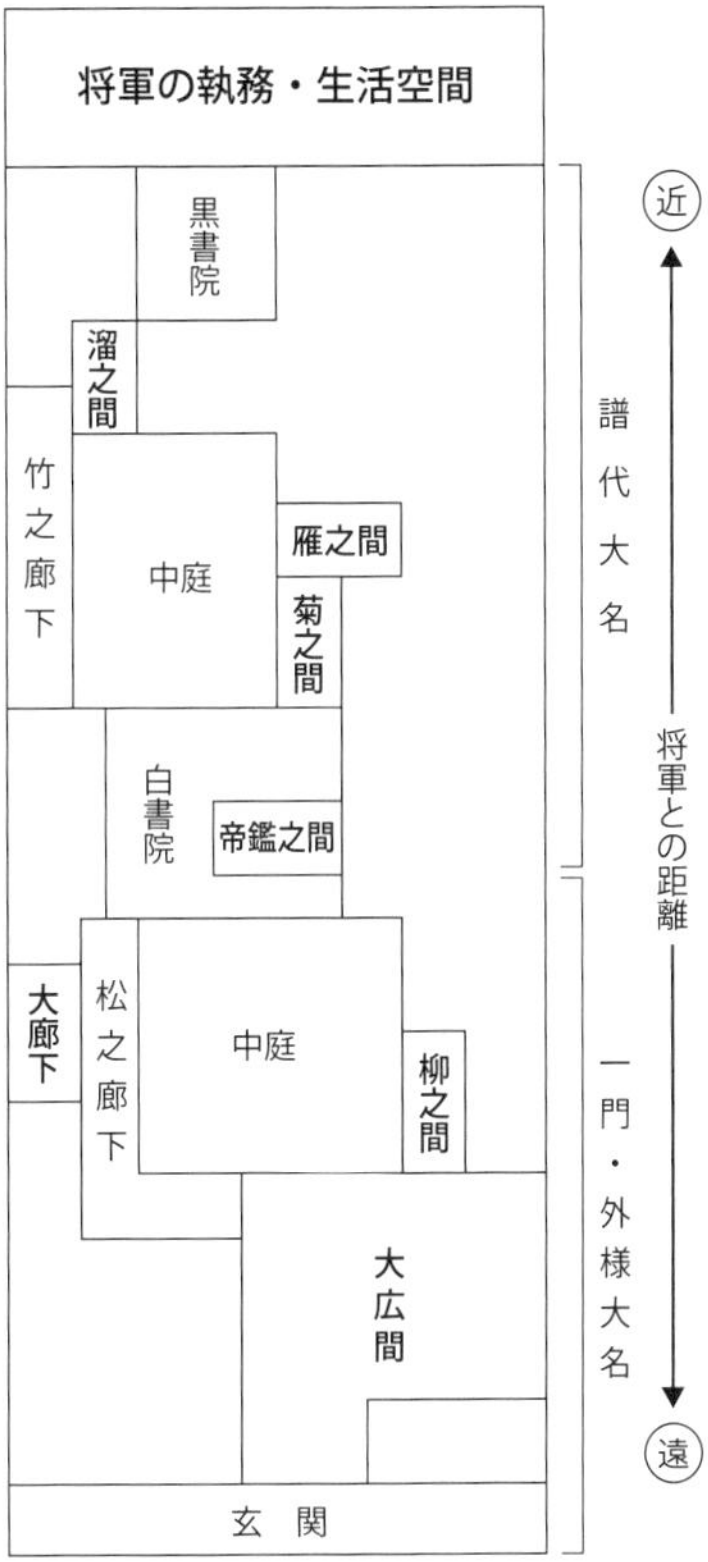

・溜之間《たまりのま》は臣下に与えられた最高の座席
・雁之間《がんのま》は城持ち、菊之間《きくのま》は城なしで、江戸時代以降に取り立てられた譜代大名
・帝鑑之間《ていかんのま》は古来の譜代大名
・大廊下《おおろうか》は将軍ゆかりの大名家
・柳之間《やなぎのま》は五位の外様大名
・大広間は四位以上の家門・外様大名

深井雅海『江戸城――本丸御殿と幕府政治』（中公新書）所収図を元に作成

図３　諸大名の江戸城内殿席略図

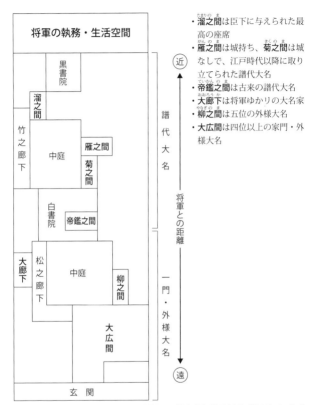

間（六十三家）、雁之間（四十三家）、菊之間縁頬（三十三家）、大廊下（十家）、大広間（二十九家）、柳之間（七十九家）だった。

七つの殿席のうち、将軍が日常生活を送る空間である中奥から最も遠い部屋が大広間で、大広間は従四位の位階を持った親藩大名（御三家を除く）や同じく従四位の外様大名の殿席であった。つまり、親藩大名では幕府との関係が微妙な福井藩、外様大名では国持大名などが大広間を殿席に指定されていた。将軍との距離が最も遠いことが視覚化された格好である。

一方、大廊下は将軍家ゆかりの大名に与えられた部屋だった。大広間より中奥に近かったため、大広間詰めの大名よりも将軍との距離の近さが示された形だ。

上之部屋は御三家のみ、下之部屋は主に将軍と親類関係にあった大名の殿席とされた。福井藩は一橋家から養子を迎えたことで将軍家ゆかりの大名となったため、大廊下席下之部屋に殿席が移ったわけである。将軍の息子を養子にした大名、娘を正室に迎えた大名も、同じく大廊下席下之部屋に殿席が移るのが慣例だったのだ。

文化十四年（一八一七）九月に十四代目藩主となる斉承《なりつぐ》と十一代将軍家斉《いえなり》の娘浅姫《あさひめ》の婚約が整うと、文政元年（一八一八）五月に福井藩は二万石加増の栄誉に与《あずか》る。これで都合三十二万石となった。いわば二万石の持参金だが、家斉が多くの子女をもうけたことで、幕府がその養子・嫁ぎ先に頭を悩ませていたという裏事情があった。福井藩に輿《こし》入れしたのは、翌二年（一八一九）十一月のことである。

将軍家の家族である一橋家から養子を迎え、さらに将軍の娘を正室に迎えることで福井藩の家格はアップした。石高も増えたが、良いことばかりではなかった。

それまでは倹約に努める質朴な家風だったものの、将軍の家族を藩主に迎えることでその生活が派手になり、借金の増加に拍車がかかったからである。越前家一門から養子を迎えるのではなく、将軍家ないしその家族である御三卿からの養子が相次いだことで、藩内には不満が溜まったことも想像できる。実際、家斉の時代に将軍家や御三卿からの養子が相次いだ尾張藩では、養子を押しつけてきた幕府とその後距離を置くようになっている。

春嶽、田安徳川家に生まれる

三十二万石に加増された福井藩は将軍の娘を藩主の正室に迎えたが、斉承が死去すると、今度は将軍の息子を藩主に迎える。天保六年（一八三五）八月、将軍家斉の二十四男斉善《なりさわ》が十五代目藩主となったが、当時の藩財政は破綻寸前の危機的状況にあった。

翌七年（一八三六）に福井藩が藩主斉善の名で幕府に提出した嘆願書によれば、借金の額は九十万両余に達した。斉善の時代、藩は二度にわたって幕府から拝借金を引き出して

図4　青年期の松平春嶽（福井市立郷土歴史博物館蔵）

いるが、藩主が将軍の息子であることを最大限活用した結果だった。

　しかし、天保九年（一八三八）七月に、斉善は十九歳で病没してしまう。跡継ぎがいなかったため、福井藩は御三卿の田安徳川家当主斉匡《なりまさ》の八男錦之丞《きんのじょう》を藩主に迎えた。引き続き、将軍家との絆を強めようとはかったのである。家格を維持し、幕府から拝借金などの恩恵を引き出すには、将軍の家族から養子を迎えることが不可欠と考えていたからにほかならない。文政十一年（一八二八）生まれの錦之丞は、このとき数え年で十一歳であった。

　それまで、福井藩は一橋家から二代続けて養子を迎えたことがあったが、今度は田安家である。田安斉匡は家斉の弟として一橋家に生まれ、のちに田安家に養子に入った人物であるから、またしても一橋家からの養子と言えなくもない。時の十二代将軍家慶《いえよし》からみると、錦之丞は従兄弟にあたった。

同年十月に福井藩主の座に就いた錦之丞は、十二月に元服して慶永《よしなが》と名乗る。十六代目藩主松平慶永の誕生だ（図4）。実名は慶永、号は春嶽だが、本書では春嶽とする。

春嶽の実家、田安家は初代当主の田安宗武が文武に優れた人物で、特に和歌に造詣が深く、万葉調の歌人としても知られた。国学者賀茂真淵《かものまぶち》を重用するなど国学の理解も深かった。そんな血を色濃く受け継いだ人物こそ、寛政改革を主導した老中首座松平定信《さだのぶ》である。

定信は少年の頃から読書好きで、学問はもとより和歌や絵画に親しむ日々を過ごしていた。注目されるのは何といっても著作の多さだ。早くも十二歳のときには教訓書の『自《じ》教鑑《きょうかがみ》』を著したが、生涯を通して二百近くの著作があった。自叙伝『宇下人言《うげのひとごと》』は寛政改革を知る上での基本史料で、『花月草紙《かげつそうし》』に至っては江戸時代の代表的な随筆と評価される。

吉宗の孫として田安家に生まれ、将軍の座に就くことも夢ではなかった定信だが、譜代大名の白河藩松平家に養子として入る。白河藩主となった定信はその後老中首座として、幕政のトップに立ち、寛政改革を断行した。春嶽も同じような道を辿ることになるのだが、春嶽が定信と似ていたのはそれだけではない。読書好きで筆まめで和歌を詠むのを好んだことなどもまったく同じである。好学で教養あふれるお殿様だった。

春嶽の祖父一橋治済《はるさだ》（家斉の父）は定信と従兄弟の関係にあり、春嶽にとって定信との距離は非常に近かった。田安家から他家に養子に入ったという点でも共通していた。春嶽に与えた影響は大きく、定信を模範としていたことは想像に難くない。

藩主となった春嶽は、その後五年間江戸で過ごした。福井藩に限らず、江戸在府中の藩主は上屋敷で生活することになっていたが、福井藩の上屋敷は江戸城近くの常盤橋《ときわ》にあった。

天保十四年（一八四三）五月、最初のお国入りのため福井へ向かうことになったが、その前に水戸藩主徳川斉昭《なりあき》のもとを訪ねた。藩主としての心構えを尋ねたのだ。

同じ親藩で石高も同じくらい（三十五万石）だった水戸藩では、斉昭が儒学者藤田東湖《ふじたとうこ》らを登用して藩政の刷新をはかっていた。俗にいう水戸藩の天保改革である。藩校弘道館の設立、領内の検地による増収つまり財政再建、反射炉の建設など、教育・農政・軍事に重点を置いた藩政改革を断行し、諸藩からも注目を浴びる存在だった。

極度の財政難に苦しむ福井藩の藩主となった春嶽は、すでに藩政改革の決意を固めていた。最初のお国入りにあたって、そのヒントを得ようと考えたのだろう。斉昭は三十歳近く年下の春嶽を熱心に指導し、その後も激励している。

水戸藩には、二代目藩主徳川光圀《みつくに》が誕生させた水戸学が根付いていた。水戸学とは天皇の伝統的な権威を背景に日本の独立を目指す思想だが、幕府の存在を否定するものではなく、その統治力を強固なものにするためのものだった。将軍継嗣を出す家柄である御三家の水戸藩を発信源とする以上、それは当然のことで、水戸学つまり水戸藩は尊王敬幕の立場を取る。

春嶽も同じく尊王敬幕の政治姿勢を取っていたが、それゆえ、のちに幕府のトップに立ったときにたいへん苦しんだ。攘夷を督促する天皇の意向と、攘夷が実行できない現実の板挟みになったからである。

三　改革に着手する

側近中根雪江と財政再建

春嶽が福井に入ったのは、天保十四年（一八四三）六月十一日のことである。藩の現状を把握しようと領内の視察に精を出したが、まだ十六歳の春嶽に大きな期待を寄せる藩士たちがいた。藩財政の悪化や贅沢に慣れた福井藩松平家の家風、つまり藩の気風（藩風）

図5　中根雪江（福井市立郷土歴史博物館蔵）

に危機感を抱き、藩政の刷新を強く望んでいた者たちである。そんな藩士の代表格として中根雪江《なかねせっこう》の名は外せない（図5）。

家禄七百石という上級藩士の家に生まれた雪江は、春嶽よりも約二十歳年上であった。江戸詰めが多かった雪江は春嶽が養子に決まったときから補導の任に充たり、その信頼を得る。雪江ら有為の藩士を通して福井藩の実情を知った春嶽は藩政改革の決意を固め、江戸藩邸にいるときから次々と手を打っていた。

雪江らに言わせると、当時藩政を牛耳っていた七人の家老のうち松平主馬《しゅめ》は藩財政や藩風を悪化させた奸物であり、藩政から排除されるべき人物だった。天保十一年（一八四〇）正月、春嶽は雪江らの進言を容れて主馬の家老職を解き、三月には蟄居《ちっきょ》を命じる。

雪江らは春嶽を説いて、二百石以下の中級・下級藩士を次々と抜擢させ、改革派藩士で藩主側近などを固めていく。雪江自身は翌十二年三月に勝手掛《がかり》となり、財政再建にあたった。そして、春嶽のお国入りを迎えたのである。

春嶽が藩主となる前の天保七年（一八三六）、福井藩は累積した借金が九十万両余に達すると幕府に窮状を訴えたが、実は毎年の赤字も二万六千両ほどに膨らんでいた。春嶽はこうした財政状況に強い危機感を抱いて、雪江に支出の削減を主たるテーマとして、財政改革にあたらせた。

藩主就任の翌年にあたる天保十年（一八三九）から、春嶽は質素倹約を励行する。藩主として自由に使える「手許金」を年間千両から五百両に半減し、食事も朝は香の物、昼は一汁一菜、夜は一菜という簡素なものとした。藩主みずから節倹に努め、範を垂れたのである。

藩の経費カットはもちろんだが、特に金食い虫となっていた江戸在府中の経費は大幅に切り詰める。幕府への献上品を五年間停止し、諸大名との贈答品も廃止あるいは制限した。さらに春嶽が行列を組んで外出するときのお供の人数も減らすことで、人件費をできるだけ抑えようとしたのである。

藩士に支給する俸禄も半分カットした。年貢米を直接取り立てていた所領持ちの藩士（知行取《ちぎょうどり》）に至っては所領を取り上げ、藩から俸禄米を支給することに改めた。その量は所領を持っていたときの年貢米の半分ということになるだろう。知行取は所領から年貢以外の雑税も徴収できたため、藩はその雑税を藩庫に納める形にもなった。

一連の倹約を断行することで、福井藩はかなりの支出カットに成功したものの、俸禄の半分や所領を取り上げられた藩士たちの不満は非常に大きかった。藩内の動揺は激しく、春嶽も責任者たる雪江の職を一時解かざるを得なくなるが、倹約の実行に対する断固たる姿勢を崩すことはなかった。

しかし、借財の返済は支出カットだけではとても足りない以上、まとまった臨時収入が必要だった。そのため、領内の豪商・豪農から多額の御用金を調達している。

一連の藩政改革により、九十万両余の借金のうち五十万両ぐらいは返済したと記録には残っているが、倹約による成果だけではなかったはずだ。次章以降で取り上げる殖産興業策の成果が大きかったのである。

製造方創設と銃砲・火薬の製造

春嶽の藩政改革は財政再建だけを目指したのではない。当時は欧米の船舶が海岸線にその姿を頻繁に現し、欧米列強による外圧が現実のものになりつつあった。日本が侵略されるという危機意識が高まり、全国的に海防強化が叫ばれる時節だった。

そのため、福井藩でも軍事力増強に力を入れた。春嶽が最初のお国入りを果たした前年にあたる天保十三年（一八四二）には、大国の清がアヘン戦争でイギリスに敗れた情報が幕府に届いた。

これに衝撃を受けた幕府は異国船打払令を撤回した。現状では欧米列強の侵略を阻止できるか自信がなく、戦争につながりかねない危険性をはらむ同令を撤回したのである。

日本海に面する福井藩でも春嶽みずから海岸線を巡視し、大砲を要所に配備させたが、それだけではなかった。西洋の兵制や砲術を学ばせるため、弘化四年（一八四七）五月に砲術師範の西尾源太左衛門《にしおげんたざえもん》父子を江戸に派遣し、高島流砲術家として知られた幕臣下曾根《しもそね》金三郎《きんざぶろう》に入門させている。

西洋の軍制では、刀や槍、弓ではなく銃砲が主役となっていた。刀槍による個人プレーではなく、最新式の銃砲による集団戦闘のスタイルが取られており、福井藩に限らず、幕府や諸藩の軍制改革は必至の情勢だった。

福井藩の軍制改革はペリー来航の前年にあたる嘉永五年（一八五二）に開始される。弓組・槍組が鉄砲組に編成替えとなって鉄砲の数が増えるとともに、銃隊の調練も盛んに行われた。銃隊とは鉄砲を持った藩士（銃卒）により編成された部隊のことである。

嘉永元年（一八四八）には、江戸から技術者を招いて鋳物師浅田新右衛門《あさだしんえもん》の工場で洋式大砲を鋳造させた。その技術を新右衛門に修得させることで、福井藩は自前で洋式大砲が鋳造できるようになった。

同六年九月からは、江戸の霊岸島《れいがんじま》にあった藩邸内で洋式小銃（ゲベール銃）の試作を開始する。折しもペリー来航直後であり、藩による小銃の製造は以後盛んとなるが、銃砲そして火薬の製造を管轄したのは「製造方」という部局だった。

洋式銃砲の製造や西洋兵制の採用には、洋学つまりは蘭学の知識が必要だった。そのため、嘉永三年（一八五〇）十一月に広島藩出身で蘭学者の市川斎宮《いちかわいつき》、同六年（一八五三）九月には越中高岡出身の蘭方医坪井信良《つぼいしんりよう》を召し抱えた。軍事のみならず、学問でも福井藩の近代化に着手したのだ。

しかし、近代化の道は平坦ではなかった。火薬工場は国元の福井に造られたが、爆発事故が二度にわたって起きてしまう。銃砲や火薬の製造に要した費用も莫大であり、財政悪化の要因となるのは避けられなかった。

さらに次章でみるとおり、藩政改革を牽引した春嶽が、安政五年（一八五八）にはじまる安政の大獄で隠居を余儀なくされると、福井藩の軍備強化の方針も後退せざるを得なくなってしまうのである。

第二章　大老井伊直弼との対決

——安政の大獄

一　雄藩連合を模索する

ペリー来航と幕政の転換

天保九年（一八三八）の藩主就任以来、春嶽は財政の再建と軍備の強化を目指して藩政改革に邁進《まいしん》したが、それから十五年後にあたる嘉永六年（一八五三）に日本は大きな転換期を迎える。春嶽は二十六歳になっていた。

同年六月三日、アメリカ東インド艦隊司令長官ペリーが軍艦四隻を率いて、相模国の浦賀沖に姿を現した。開国つまり外交関係の樹立を求めるフィルモア大統領の親書の受理を迫って江戸湾に進む姿勢をみせたため、無防備状態だった江戸城下は大混乱に陥った。

同九日、ペリーは三浦半島の久里浜で幕府代表に親書を受け取らせることに成功すると、返書を受け取るために来年、再来航すると予告して江戸湾を去った。実は、幕府はペリーの来航を事前に知っていたのだ。

アメリカが日本に開国を求める使節の派遣を決めたのは、前年の嘉永五年（一八五二）

のことであり、欧米諸国で唯一日本と交流があったオランダにその旨を通告してきていた。同年六月に長崎の出島に着任した商館長クルチウスが長崎奉行に提出した『別段風説書』にはペリーの日本派遣の件が記されている。

しかし、幕府は何ら有効な対応策を取らず、江戸湾を警備する会津藩・彦根藩・川越藩・忍《おし》藩、そして浦賀奉行にペリー来航情報を伝え、その日に備えるよう命じただけだった。世情不安を招くことを恐れた幕府は秘密主義を取ったが、こうした情報はどうしても漏れてしまうものである。薩摩藩主島津斉彬、幕臣の勝海舟らもペリー来航の件は事前に知っていた。

ペリーが去ったあと、幕府は江戸湾防備のため海中を埋め立て、台場（砲台）の建設を開始した。遅まきながら江戸湾の海防に着手したのだ。現在も、東京湾にその跡が残る「お台場」である。

この未曽有の国難に際し、譜代大名で備後福山藩主の老中首座阿部《あべ》正弘《まさひろ》を首班とする幕閣は重大な決意をする。対外問題には挙国一致で臨むことが必要という認識のもと、開国を求めてきたアメリカ大統領の将軍宛親書を諸大名に公開し、意見を求めた。

従来、幕政は将軍の家来筋に当たる譜代大名と幕臣団に独占されていた。将軍の親族である御三家など親藩大名は、原則として幕政に関与できなかった。外様大名は言うまでもないが、幕府はその慣例を自ら破ったのである。親藩・譜代・外様の別に拘らず広く意見を求め、幕政から排除してきた親藩大名・外様大名が政治参加できる道筋をつけた。

阿部は譜代大名でありながら、幕政を譜代大名や幕臣団が独占する従来の政治体制に限界を感じていた。欧米列強による外圧に対抗するには、親藩大名・外様大名の力も借りなければならないのだ。

特に期待していたのが雄藩の代表格たる薩摩藩主の斉彬だった。そもそも、ペリー来航の情報を斉彬に伝えたのは阿部その人である。斉彬から水戸藩主徳川斉昭、尾張藩主徳川慶恕《よしくみ》、宇和島藩主伊達宗城に密かに伝えられたが、宗城からその情報を教えられた大名こそ春嶽だった。二人はあたかも兄弟のような親しい関係にあったからである。

幕府からの求めに応じる形で、諸大名から約二百五十もの上書、将軍直属の家臣である旗本たちからも約四百五十もの上書が提出された。その大半は開国要求を拒絶すべき、あるいは交渉を引き延ばして時間稼ぎをはかるというものだった。

親藩大名であるがゆえに、幕政に関与する道を封じられていた春嶽はこれを好機として、八月に意見書を提出する。春嶽だけの考えではなく、藩内の様々な意見を汲み上げた上の藩論であった。福井藩として国政参加への意欲をみせたのである。

この段階では、アメリカとの戦いを覚悟してペリーの要求を断固拒否しなければならないというのが福井藩の意見であり、国防を充実させるため、諸大名に妻子の帰国を許す。将軍や幕閣に対する諸大名からの献上品や進物は全廃。隔年ではなく、三年か四年に一度の参勤に改めるよう申し立てたことはたいへん注目される。春嶽の持論でもあった。

要するに、妻子を江戸に置いたままでは諸大名は国元で海防に専念できない。献上品や進物の費用をカットし、さらに参勤交代に要する費用を減らして、その分を軍事費に回せば軍備を充実させることができる。外国からの侵略を防げると訴えたのだ。

薩摩藩支藩の佐土原《さどはら》藩主島津忠寛《ただひろ》も、ペリー再来航時には沿岸警備にあたる諸大名すべてに帰国を許すこと、次期藩主の世継ぎだけ三年か五年に一度江戸参勤させることを提案しているが、本藩たる薩摩藩つまりは斉彬の意向を受けた提案とみるのが自然だろう。斉彬としては支藩をして幕府に探りを入れさせたのである。

幕府は参勤交代制の緩和を意味する両案とも取り上げなかったが、ペリーが再来航するときは刻々と近づいていた。

参勤交代制の緩和を建言する

嘉永七年（一八五四）一月十六日、ペリー率いる軍艦七隻の艦隊は幕府の返書を求め、浦賀沖に再び姿を現した。ペリーの要求に屈する形で、幕府は東海道神奈川宿近くの横浜村での交渉に応じた。

三月三日、日米和親条約が締結される。いわゆる開国である。続けて、オランダ・イギリス・ロシア・フランスとも和親条約を結んだ。

日米和親条約の締結が時間の問題となりつつあった同年二月、春嶽は前年八月に提出した意見書と同趣旨の建白書を提出する。国防を充実させるため、諸大名の負担を減らしてほしいと再度求めた。

阿部は春嶽の建白書に対し、三月四日付で、
大名妻子の帰国、三年か四年に一度の参勤は認められない。

と回答する。

参勤交代制とは幕府による諸大名統制の根幹で、妻子を人質として将軍のお膝元の江戸に常駐させ、大名自身にも毎年江戸参勤させることで、幕府への叛逆を防ぐ狙いがあった。これを緩めることは諸大名の自立化を強め、幕府の存立自体危うくなるという危惧が阿部の脳裏にあったことは疑いない。実際、そのとおりとなる。

ただ、阿部にしても諸大名の負担を軽減させることで軍事費を充実させたい意図は、春嶽と共有していた。よって、日米和親条約締結直後の六月に幕政改革三十七ヵ条を起草し、幕府内に通達した。

この改革宣言では人材の登用や武備の充実に力を入れる方針が明示されたが、春嶽の建白書の趣旨も一部取り入れられた。幕府への献上品の三分の二減はその一例である。

大名の負担軽減という意味では、毎月一日や二十八日の登城免除、関八州の諸大名の妻子・家臣の帰国奨励の条項もあてはまるが、春嶽にしてみると、この程度ではまったく不充分だった。その後も、三年か四年に一度の参勤つまり参勤交代の緩和を幕閣に建言している。

参勤交代の回数が減れば、その分道中の費用が省ける。江戸在府中の経費は金食い虫となっていたが、参勤の減少により江戸在府の期間が短くなれば同じく出費の軽減になる。浮いた分を国防の充実に充てられるというわけだが、春嶽の意見が容れられることはなかった。それだけ、参勤交代制の緩和は幕府の存立を危うくするものという危惧が幕閣の間では強かったからだ。

この悲願を叶えるには、春嶽が幕府のトップになるしか道はなかったが、その機会は数年後に訪れる。

師父・島津斉彬

春嶽はペリー来航を契機に幕政への進出をはかるが、単独で動いたのではなかった。同じく幕政進出を望む親藩大名・外様大名と行動をともにした。幕末史では「有志大名」と称される大名たちである。その代表格こそ、春嶽ら幕末の四賢侯だった。

春嶽が最も頼りにした有志大名は十九歳年上の島津斉彬だろう。春嶽の父田安斉匡と、斉彬の正室英姫《えいひめ》の父一橋斉敦《なりあつ》は兄弟であり、春嶽と英姫はいとこの関係にあった。

島津家と一橋家は都合三代にわたり縁戚関係にあった。斉彬の曽祖父にあたる薩摩藩八代目藩主島津重豪《しげひで》が、一橋家初代当主宗尹の娘保姫《やすひめ》を正室に迎えたことがはじまりである。その後、重豪の娘が一橋家二代目当主治済の子豊千代《とよちよ》に嫁いだが、豊千代は十代将軍家治の養子に迎えられて十一代将軍家斉となる。家斉に嫁いだ重豪の娘は御台所となった。そして今度は斉彬が一橋家の娘を正室に迎えたのである。

斉彬も春嶽を頼りにしていたが、春嶽が阿部と縁戚関係にあったことに目を付ける。阿部の正室は福井藩十三代目藩主松平治好《はるよし》の娘謹姫《ちかひめ》であった。謹姫の死後に迎えた謐姫《しずひめ》は福井藩支藩の越後糸魚川藩主松平直春《なおはる》の娘で、春嶽の養女として阿部家に輿入れする。

阿部は春嶽よりも九歳年上だが、春嶽としては縁者の阿部が老中として幕府のトップだったことは好都合であった。阿部を窓口に幕政への進出を目指すが、そんな両者の関係に注目したのが斉彬なのである。

その求めに応じる形で、春嶽は阿部と斉彬の間を取り持った。弘化二年（一八四五）春、阿部と斉彬を常盤橋の福井藩邸に招き、ここに両者の信頼関係がはじまった。

薩摩藩十代目藩主島津斉興《なりおき》の長男として江戸藩邸で生まれた斉彬は、文化九年（一八一二）に世継ぎとして幕府に届けられる。そのため、国元には入れず江戸藩邸暮らしを長く続けることになった。世継ぎの場合、江戸在住が義務付けられたからだ。

体の良い人質だったが、江戸在府中、斉彬は幕府の要職者や諸大名と親交を結んだ。前者の代表格が阿部であり、後者の代表格が春嶽であった。晩年、春嶽は斉彬を師父と仰いでいたと回顧するほどの関係となる。

斉彬は曽祖父重豪の影響を受け、蘭学（洋学）に傾倒した開明的な人物でもあった。蘭学者たちを招いて蘭学書の翻訳にあたらせたほか、みずからもオランダ語を学んだ。

藩主の座に就くと、西欧の科学技術を導入するため開化政策を積極的に展開した。斉彬によって薩摩藩の近代化は著しく進行し、幕末の政局をリードする雄藩として成長を遂げた。

しかし、薩摩藩のお家事情により、斉彬の藩主就任は遅れに遅れた。父である藩主斉興、藩財政の再建に功績があった家老調所広郷《ずしょひろさと》らが難色を示したからだ。斉彬が重豪を真似て開化政策を展開することで出費が嵩むのを恐れたのである。

当時、薩摩藩には斉彬以外にも藩主候補者がいた。斉興が寵愛する側室お由羅《ゆら》の方が産んだ異母弟の久光《ひさみつ》だ。よって、藩内は斉彬擁立派と久光擁立派に分かれ激しく争うお家騒動が勃発するが、これに介入したのが、斉彬との信頼関係を深めていた阿部である。

阿部は挙国一致の政治体制を構築するため、外様の雄藩薩摩藩の協力を得たいと密かに考えており、それには気心知れた斉彬が藩主の座に就くことが不可欠だった。このお家騒動は幕府が薩摩藩に介入する口実となる。

阿部は十二代将軍徳川家慶を動かし、茶器を斉興に下賜した。将軍からの茶器の下賜には、隠居を促す意思が込められていた。お家騒動の責任を追及したのだ。

将軍の命が下った以上、もはや斉興も隠居を拒むことはできなかった。ようやく嘉永四年(一八五一)一月に隠居願を幕府に提出し、十一代目藩主島津斉彬が誕生する運びとなった。阿部と斉彬を結びつけた春嶽にとっても、斉彬の藩主就任は長年待ち望んでいたことであった。

盟友となる有志大名たち

有志大名のなかで春嶽が最も信頼していたのは斉彬だが、兄弟のように親しかった有志大名もいた。同じく幕末の四賢侯に数えられる伊達宗城である。ペリー来航の情報も密かに教えてくれたほどであった。

文政元年（一八一八）に、宗城は旗本山口家の次男に生まれた。春嶽より十歳年上だった宗城は、祖父が宇和島藩五代目藩主伊達村侯《むらとき》の次男であったことから、宇和島藩七代目藩主伊達宗紀《むねのり》の養子に迎えられる。そして天保十五年（一八四四）に、八代目藩主の座に就いた。

藩政改革を断行して財政再建に努めた点でも春嶽と共通していた。ただし、宇和島藩は十万石の身上であったため、国持十八家には含まれず、国持大名に準じる国持格大名のような位置付けだった。

また、春嶽が「熟友」と称したのが、幕末の四賢侯で国持大名にも数えられた一歳年上の土佐藩主山内容堂である。文政十年（一八二七）、容堂は土佐藩主山内家の分家に生まれたが、嘉永元年（一八四八）に本家を継いで十五代目藩主となった。豪放磊落《ごうほうらいらく》な人物として知られ、謹厳実直な春嶽とは好対照な有志大名だったが、二人の仲は良かった。そのため、政治行動をともにすることにもつながっていくのだ。

国持大名では、熊本藩細川家と縁戚関係にあった。嘉永二年（一八四九）に熊本藩主細川斉護《なりもり》の三女勇姫《いさひめ》が正室として輿入れしたからである。のちに熊本藩士横井《よこい》小楠《しょうなん》を招聘し、みずからのブレーンとしたことは次章で述べる。

ペリー来航以前から、春嶽ら親藩大名と国持大名の間では縁戚関係を媒介にしたネットワークが形成されていた。このネットワークを通じて、機密事項だったペリー来航の情報も来航前から広がったのである。

ペリー来航を契機に、こうしたネットワークを母体とする親藩大名・外様大名による政治運動が活発化していく。その旗印として春嶽が白羽の矢を立てた人物こそ、最後の将軍となる慶喜だった。

二　一橋派の結成

阿部正弘の死と徳川斉昭の失脚

春嶽が頼りにした有志大名は島津斉彬、伊達宗城、山内容堂など外様大名が多かったが、親藩大名では水戸藩の徳川斉昭に最も期待していた。最初のお国入りを果たす直前、斉昭のもとを訪れた春嶽は藩主としての心構えについて教えを請うが、それ以来、藩政改革の先達として畏敬の存在だった。

幕府は嘉永六年（一八五三）六月のペリー来航を受け、翌七月三日に隠居の身であった斉昭を海防参与に任命した。隔日に登城し、海防に関する評議に列するよう命じた。御三家は幕政に関与できなかったが、挙国一致体制の構築を目指す阿部は海防に限って幕政関与を認めた。斉昭を介して親藩大名の取り込みをはかったのである。

将軍が幼少の場合、将軍からの特命の形で御三家が幕政に関与する前例はあったが、今回は外圧が理由だった。実はペリーが江戸湾を去った直後に、将軍家慶が病没し、幕府内は動揺していた。家定《いえさだ》が十三代将軍となることは決まっていたものの、阿部としては幕府の動揺を鎮めるためにも、御三家のうち水戸藩を海防参与の名目で幕政に関与させたのだろう。

もちろん、ペリー来航を受けて海防の強化は緊急の課題である。斉彬はこうした情勢を踏まえ、斉昭に海防を委任するよう幕府に建白してほしいと春嶽に依頼済みだったが、今回の人事はこうした要望を取り込む形にもなっていた。もちろん、斉彬の要望は春嶽も共有するところだった。

斉彬は斉昭を通じて薩摩藩の考えを幕政に反映させようと目論むが、春嶽も同じ考えであった。翌七年二月、春嶽は三〜四年に一度の江戸参勤にしてほしいとする建白書を提出したわけだが、そこでは斉昭を国防の総督に就けることも求めていた。斉昭指揮のもと、挙国一致で欧米列強に対抗しようという構想だ。

春嶽や斉彬など親藩大名・外様大名の輿望《よぼう》を担って幕政進出を果たした斉昭だが、従来幕政を独占してきた譜代大名側の反発は避けられなかった。斉昭の起用は幕府内に亀裂をもたらした。

しかし、阿部は斉昭の求めに応じる形で、安政二年（一八五五）八月四日に三河西尾藩主松平乗全《のりやす》と信濃上田藩主松平忠優《ただます》の老中職を解き、十四日には斉昭を政務参与とした。海防のみならず幕政全体に関与できる立場となったが、この人事の裏には斉昭を押し立てて幕政進出を目指す春嶽や斉彬をリーダー格とする有志大名がいた。阿部が取り込みたい有志大名たちをバックに、斉昭は政務参与に任命されたとも言えるだろう。

早速、春嶽は斉昭に国防に関する意見書を提出した。四年に一度の江戸参勤とすることで浮く出費を軍艦建造費に回すという案だが、この案も実現には至らなかった。結局のところ、斉昭を介して幕政に関与しようとした春嶽らの意図は頓挫することになるが、それだけ幕政を独占し続けてきた譜代大名側のガードは堅かったのだ。

そして、同四年（一八五七）六月十七日に、春嶽や斉彬にとって衝撃的な出来事が起きた。頼みとしていた阿部が病死したのである。幕府内での後ろ楯を失った斉昭も、七月二十三日に政務参与を辞職した。事実上の失脚だった。

慶喜の将軍継嗣を目指す

　阿部の死後、下総佐倉藩主で老中首座の堀田正睦《まさよし》が幕府のトップに立った。安政二年に老中に再任された堀田は、阿部の譲りを受けて老中首座となったが、蘭癖《らんぺき》大名と異名を取るほどのオランダ好きの大名だった。アメリカから求められていた自由貿易の開始を意味する通商条約締結に積極的な開国派の大物である。攘夷を表看板とする斉昭とは相容れない考えの持ち主で、阿部の死後、斉昭が失脚するのは時間の問題であった。

　春嶽は国防の充実を大義名分に参勤交代制の緩和などを繰り返し求めたわけだが、それには英明な人物を幕府のトップに推戴すること、つまり、将軍として擁立することが不可欠と考えていた。そのリーダーシップのもと国防の充実を果たすことで国家の難局を乗り切ることを構想したのだ。

　話は少しさかのぼる。ペリー来航後に十三代将軍となった四歳年上の家定の資質に疑問を感じていた春嶽は、早くも嘉永七年（一八五四）七月二十二日に、斉昭の七男で一橋家に養子に入っていた慶喜の擁立を目指す構想を盟友の斉彬に開陳した。この日は幕府が家慶の喪を発し、家定が将軍職を継ぐことが公表された日であった。

　八月十日には、慶喜の擁立に賛同してほしいと春嶽は阿部に求めた。家定に跡継ぎはま

図6　徳川慶喜（福井市立郷土歴史博物館蔵）

だいなかった。

天保八年（一八三七）、慶喜は水戸藩の小石川上屋敷で生まれた（図6）。斉昭の跡を継いで十代目藩主となるのは長男の慶篤《よしあつ》だが、慶喜の聡明さを愛した斉昭は慶篤に何かあった場合に備え、他家へは養子には出さない方針を取った。しかし、将軍家慶の命により、弘化四年（一八四七）に一橋家を継ぐこととなった。慶喜十一歳のときである。以後、約二十年にわたる一橋慶喜としての活動がはじまる。

春嶽としては畏敬する斉昭の子で、家慶にもたいへん可愛がられた点を高く評価したのだろう。九歳年下だったことも大きかったかもしれない。

自分が推す慶喜が将軍の座に就けば、その力を借りて譜代大名に独占される幕政に風穴を開け、親藩大名・外様大名も幕政に参加できるとの読みもあったはずだ。春嶽は斉昭を押し立てることで幕政進出を目指したものの、譜代大名の激しい抵抗に遭った。参勤交代制の緩和も実現できなかった。

そのため、斉昭を介した幕政進出が暗礁に乗り上げると、慶喜を将軍継嗣の座に就けることで事態の打開を目指したのだ。次期将軍として家定を補佐させ、ゆくゆくは将軍に就いてもらうという目論見だ。

春嶽は斉彬ら有志大名に加え、幕府内にも賛同者を求めた。その結果、強力なリーダーシップを発揮できる将軍のもと、内外の課題を解決すべきと考えていた勘定奉行川路聖謨《かわじとしあきら》や目付岩瀬忠震《いわせただなり》ら開明派幕臣たちを自派に引き入れることに成功した。

ここに、春嶽のイニシアチブのもと一橋派が結成されるが、当の慶喜は将軍の座に就くことには消極的だった。将軍に擁立されて何か仕損じてしまうぐらいならば、将軍になどならない方が良いと考えていたからである。

春嶽は阿部を味方に引き入れることで擁立運動を有利に進めようとはかったが、安政四年（一八五七）六月に阿部が病死したことで、作戦変更を余儀なくされた。以後は老中首座の堀田正睦、老中に再任された松平忠固《ただかた》（前名は忠優）の屋敷を訪ね、慶喜を将軍継嗣に定めるよう熱心に説いた。

安政四年十一月には、慶喜側近の平岡円四郎《ひらおかえんしろう》が作成した「橋公略行状」を忠固に差し出した。いかに慶喜が優れた資質を備えた人物であるか、つまりは将軍継嗣にふさわしいかが書き連ねられていた。春嶽としては、老中たちの間で回覧されることを期待したのだろう。

しかし、決定権を持つ将軍家定は慶喜のことをたいへん嫌っていた。

家定に輿入れした篤姫

家定が将軍の座に就いたとき、正室つまり御台所はいなかった。二度、京都の五摂家から正室を迎えたものの、先立たれていた。

五摂家とは摂政・関白という朝廷の最高位に任ぜられる家格を持つ公家であり、近衛家・鷹司《たかつかさ》家・九条家・一条家・二条家の五家を指した。御台所には公家社会ではトップの家柄たる五摂家の娘が選ばれることが多かったが、その裏には徳川将軍家のブランドをアップさせたい幕府の思惑があった。家定のときは、鷹司家と一条家の娘が選ばれた。

正室二人に先立たれただけでなく、子どももいなかった家定は祖父家斉の御台所茂姫《しげひめ》の縁にあやかりたいと密かに思っていた。要するに、島津家の娘を正室として望んだのだ。家斉は茂姫との間では子どもを一人しかもうけられなかったが、大勢の側室との間に合わせて五十人を超える子どもをもうけた。家斉の子沢山は島津家の娘を正室に迎えたお蔭と、家定の目には映ったのである。

そんな家定の願望が伝えられたことで、斉彬は島津家一門の娘を候補者として届け出ることになった。その娘こそ、のちの天璋院《てんしょういん》篤姫《あつひめ》だった。

こうして、篤姫が斉彬の養女として家定のもとに輿入れする運びとなるが、御台所は島津家の娘ではなれなかったため、五摂家近衛家の養女として輿入れした。家斉の御台所茂姫も近衛家の養女として輿入れしており、その前例に倣った形である。

春嶽は篤姫の輿入れを受け、一橋派の同志である斉彬に働きかけた。その結果、篤姫は跡継ぎとして慶喜を指名するよう家定に申し出ることになったが、当の家定は慶喜を好んでいなかった。大奥にしても同じであった。

慶喜は水戸家の出身だが、父の斉昭が大奥でたいへん嫌われていた。大奥の女性たちの贅沢な暮らしを強く批判していたことが理由のようだ。家定の母本寿院などは、慶喜を跡継ぎにするというのならば自害するとまで言い放ったと伝えられる。斉昭が慶喜の父であることを傘に着て、贅沢な暮らしぶりを取り締まろうとするのではと危惧したのだ。

母を筆頭に大奥の女性たちが猛反発している状況では、慶喜を跡継ぎに指名することなどできなかった。さらに家定自身も慶喜を嫌っていた以上、いくら篤姫が跡継ぎに指名するよう申し出ても、それは叶わぬ夢だった。

老中たちはそんな将軍の考えや大奥の意向を仄聞《そくぶん》していたはずだ。だから、慶喜を将軍継嗣に定めるよう説く春嶽からの働き掛けに困惑したことは容易に想像できる。

家定には別に将軍継嗣として考えていた人物がいた。父斉順《なりより》が春嶽の従兄弟にあたる紀州藩主の徳川慶福《よしとみ》である。弘化三年（一八四六）生まれで、慶喜よりも九歳年下だった。安政五年一月十六日には、慶福を継嗣とするとの内意を老中に伝えている。

慶喜を推す一橋派は幕政進出をはかる親藩大名・外様大名が中心で、春嶽が司令塔だったが、家定の意向を受けて慶福を将軍継嗣に推す南紀派は一橋派の動きに対抗するように、従来幕政を担ってきた譜代大名が中心となった。やがて、両派は朝廷を巻き込み、江戸や京都で激しい権力闘争を展開するのである。

日米修好通商条約の締結内定

将軍継嗣をめぐる争いが激しくなる一方で、幕府はアメリカから自由貿易の開始を意味する通商条約の締結を迫られていた。

安政四年（一八五七）十月二十一日、駐日総領事ハリスは江戸城に登城して家定に拝謁する。ハリスはアメリカ大統領の親書を家定に奉呈し、儀式は無事に終了した。その後、ハリスは堀田との会見に臨み、世界情勢を説明しながら通商条約締結の必要性を説いた。

もともと開国論者だった堀田は、ハリスの通商要求に前向きの姿勢を取った。通商条約の締結を決意し、目付の岩瀬忠震と下田奉行井上清直を全権委員として、ハリスとの交渉にあたらせた。十数回にわたる交渉の結果、日米修好通商条約の草案について合意した。

一方、春嶽はハリスの江戸城登城に先立って有志大名たちと会合を重ね、世界情勢を鑑みて通商条約締結は止むなしとの合意を形成していった。十一月十五日に通商条約締結の必要性を堀田に説いたハリスの発言が公表されると、春嶽は中根雪江ら側近と協議し、十一月二十六日と二十七日に、

現下の形勢からいって、もはや鎖国を続けるべきではないことは一目瞭然である。よって、外国との貿易を通じて富国を実現しなければならない。むしろ、こちらから海外に進出して貿易を盛んにすべきである。

（「建言拾遺」『松平春嶽全集』第二巻）

という建白書を提出した。

ペリーの来航時とは異なり、開国論に立った建白書であった。堀田もまったく同じ意見だったはずである。

堀田は通商条約締結の前に、国論の統一をはかろうと考えた。春嶽らが提出した意見書の内容から諸大名の合意を取り付けたと判断し、仕上げとして朝廷（天皇）の許可を得る

ことを目指した。勅許である。幕府としては外国に強要されて貿易を開始したという批判を封じるためにも、朝廷の権威を利用する形での条約締結をはかったのだ。

安政五年(一八五八)一月八日、堀田は岩瀬や川路らを伴って上京の途に就いた。みずから京都に上り、朝廷から条約締結の許可を取り付けようと目論むが、堀田らを追いかけるように、京都に向かった若き福井藩士がいた。弱冠二十五歳の橋本左内《はしもとさない》であった。

三 藩士橋本左内の抜擢

藩校明道館の開設と橋本左内の登用

堀田を首班とする幕閣が通商条約締結に向けて国論の統一を目指すなか、春嶽は幕府の方針を後押しすることで、福井藩そして有志大名たちの発言権を確保しようとはかっていた。

春嶽は単独で、あるいは徳島藩蜂須賀家や越前家一門たる津山藩松平家などとの連名で、意見書を幕閣に提出し、存在感をアピールしていた。有志大名たちとの会合も重ねたが、それは慶喜を将軍継嗣とすることを目指す一橋派の結集・拡大にもつながった。

春嶽は幕政進出をはかる一方で、藩政改革も継続中だった。財政再建、軍備強化に加えて殖産興業にも力を入れはじめていた。福井藩を富ませることで軍備の充実もはかるという発想であり、富国強兵路線にほかならない。開国論を展開したのも外国貿易で得られる利益が大きな魅力だった。貿易により福井藩の富強化を目指す路線はここにはじまった。

話はさかのぼるが、安政二年（一八五五）六月、春嶽は福井城内三の丸に藩校明道館《めいどうかん》を設立し、優秀な藩士の育成を目指した。富強化の実現にはそれを担う藩士のレベルアップが不可欠だからだ。しかし、期待したほどの成果は得られず、江戸遊学中の藩士橋本左内を抜擢して明道館の改革にあたらせることになった。

藩医の家に生まれた左内は幼少の頃より俊才として知られ、大坂で緒方洪庵《おがたこうあん》の適塾《てきじゅく》、江戸では坪井信良の塾で蘭方医学を学んだ。そして他藩の藩士との交流を重ねるなかで、医家の分を超えた活動を志すようになった。諸藩の藩士と幅広く交流し、特に薩摩藩士西郷隆盛には深い感銘を与えた。

そんな折、明道館の改革に取り組むようにという藩命が届き、同三年六月に帰国する。天保五年（一八三四）生まれの左内はまだ二十三歳の青年だったが、春嶽の期待に応えて明道館の教育システムを一新していった。

兵学、数学、天文学、医学など理系の科目を充実させることで、西洋の学問や科学教育の成果を積極的に取り入れた教育システムに改めた。左内は明道館を拠点として、福井藩の文明開化の先駆者と言ってもよいほどの実績を挙げていくことになる。

左内の西洋化路線には藩内の反発も大きかったが、春嶽はこれを抑えた。安政四年一月には左内を「学監同様心得《がっかんどうようこころえ》」に任命し、事実上の責任者に昇格させた。

左内は明道館改革に加えて軍制改革にも関与したほか、殖産興業を通じて藩を富ませるために「制産」というフレーズを編み出した。藩が生糸などの生産者（領民）に資金を貸し付けることで産業の振興をはかり、生産物を領外や海外に輸出して得た利益を富国の基にしようという構想だ。貿易を通じて、福井藩の富国を実現しようとしたのである。

左内の思想は春嶽や藩内に大きな影響を与え、開国論が藩論として採用される背景にもなった。やがて、福井藩は殖産興業そして貿易により巨利を挙げるが、それが現実のものとなるのは残念ながら左内の死後のことだった。

左内の政権構想

明道館の学監同様心得として福井藩の富強化の推進役となっていた左内だが、安政四年（一八五七）八月に江戸に呼び出された。江戸で異変が起きたのである。

先述のとおり、この年の六月に老中阿部が死去し、七月には斉昭が政務参与の辞職に追い込まれたことで、春嶽は幕閣内に協力者がいなくなってしまったのだ。とりわけ、挙国一致体制の理解者であった阿部を失ったことは大きかった。

春嶽、そして側近の中根雪江らは大きな衝撃を受けたが、局面の打開を目指して、左内を「侍読兼内用掛《じどくけんないようがかり》」に抜擢した。明道館改革で手腕を発揮し、西洋の事情に詳しい左内を春嶽のブレーンに加えることで、閉塞状態だった幕政進出そして慶喜の将軍継嗣を実現するための突破口を見出そうとしたのだ。以後、左内は春嶽からの特命を受けて国事に奔走していく。

左内は、先に取り上げた外国との貿易を通じて富国を実現すべきとする春嶽の幕府宛建白書の作成にも関わっていた。というよりも、左内の主張を取り入れる形で建白書が作成されたと言った方が正確だろう。それだけ、春嶽は左内を信頼していた。

左内の思想は貿易による富国の実現という経済論だけにとどまらず、政治論にも及んだ。安政四年十一月二十八日に国元の藩士村田氏寿《うじひさ》に宛てた書状では、今後取るべき政体について、

将軍継嗣（慶喜を想定）のもと、国内事務の宰相として斉昭、春嶽、斉彬、外国事務

の宰相として佐賀藩主鍋島斉正《なりまさ》、その補佐として幕臣の永井尚志《なおゆき》や川路や岩瀬を充てる。宰相には藩士や浪人を附属させる。京都守護として尾張藩主徳川慶恕、鳥取藩主池田慶徳《よしのり》、その補佐として彦根藩主井伊直弼、美濃大垣藩主戸田氏正《うじまさ》を充てる。蝦夷地は伊達宗城や山内容堂を充てる。小大名であっても有志の者は幕政に参画させる。

という構想を開陳している。

親藩大名・外様大名たちを老中（内国・外国事務宰相）に登用する構想であり、これが実現すれば幕政進出を目指す春嶽の悲願も叶うことになる。また、親藩大名・外様大名を開明派の幕臣をして補佐させるスタイルからも、挙国一致の政体であることがみえてくる。さらに、藩士も幕政に参画できることが注目される。親藩大名・外様大名がメインで、譜代大名がサブの政体と表現した方が正確かもしれない。

左内の言葉を借りれば、幕府を維持したまま、日本を一つの家とみた政体に改変しようという構想だった。外様の薩摩藩主や佐賀藩主を老中に登用し、幕府が直轄する蝦夷地も外様大名に任せることなど、譜代大名にしてみれば驚天動地の構想でしかなかった。

だが、これに近い政体が数年後には現実のものになるのである。

京都での朝廷工作

朝廷から通商条約締結の勅許を取り付けるため上京の途に就いていた堀田一行は、安政五年（一八五八）二月七日に京都に入る。時の天皇は攘夷主義者の孝明《こうめい》天皇だが、堀田は事態を楽観視していた。天皇を奉じる公家たちへの多額の工作資金も用意した上での上京であり、勅許を得ることは難しくないはずであった。

一方、慶喜を将軍継嗣に擁立する運動が暗礁に乗り上げていた春嶽は、朝廷の存在に注目した。慶喜が継嗣にふさわしいと朝廷から幕府にプレッシャーをかけることで、局面の打開をはかったのだ。つまり、ちょうど通商条約の勅許が下される予定になっていたことにかこつける形で、慶喜が将軍にふさわしいとの内勅も得ようと考えたのだ。

そのため、左内を京都に派遣して朝廷工作に従事させることを決めた。あわせて通商条約に勅許が得られるよう堀田の活動を密かに支援させたが、堀田を慶喜の将軍継嗣案に賛同させたい狙いも秘められていた。左内が京都に入ったのは、堀田が入京した同じ二月七日のことであった。

同九日、堀田は御所に参内し、世界情勢を引き合いに出しながら通商条約締結の勅許を求めたが、天皇や公家たちの猛反発に遭った。朝廷内では攘夷論が日増しに高まっており、通商開始など以《もっ》ての外《ほか》という主張が勢いを増していた。

左内も公家の説得に努めたものの、結局不調に終わった。春嶽の盟友である斉彬や容堂からも、通商条約締結は避けられないとの意見が、縁戚関係にあった公家のもとに届けられていたが、効果はなかった。

幕府のトップたる堀田みずから上京して勅許を奏請したものの、朝廷の姿勢は非常に頑なだったのである。三月二十日、条約調印の是非を諸大名に諮り、その総意を改めて奏上するよう命じたため、堀田そして幕府の面目は丸つぶれとなる。その権威は失墜せざるを得なかった。

勅許獲得が望み薄となったのを受け、左内は将軍継嗣問題に力を入れることを決めた。有力公家のもとに出入りし、慶喜が継嗣にふさわしいとする内勅を出してほしいと説いた。斉彬らも同じく家臣をして慶喜の件を説かせたが、その家臣こそ西郷だった。

説得工作が功を奏し、継嗣は「英傑・人望・年長」の三条件を備えていることが望ましいとの文言が内勅に織り込まれることになった。継嗣の件は慶喜と慶福の争いになっていたが、慶喜の方が九歳年上であるため、「年長」の文言さえあれば慶喜が継嗣にふさわしいという朝廷の意思が示されることになる。

春嶽ら一橋派としては、この文言をいわば錦の御旗として慶喜を将軍継嗣にするよう幕府に迫る目算だったが、実は南紀派も対抗して朝廷工作を激しく展開していた。その結果、三条件が削除された内勅となった。衆議を尽くして早急に継嗣を決めるよう求める文面にとどまり、春嶽らの朝廷工作は不発に終わった。

慶喜が将軍継嗣にふさわしいとの内勅を得られなかった左内が江戸に戻ったのは、四月十一日のことで、同二十日には勅許獲得に失敗した堀田が江戸に戻ってくるが、江戸でも一橋派の攻勢に対し、南紀派の巻き返しがはじまろうとしていた。

四　隠居に追い込まれる

井伊直弼の大老就任と将軍継嗣の内定

江戸に戻った左内は朝廷工作が不調に終わったことを春嶽に報告したが、その後堀田に同行していた目付岩瀬忠震と面会した際、「宰輔《さいほ》」を新設して春嶽をその任に充てるという、秘策を打ち明けられた。

宰輔とは老中よりも上席で、将軍代行職の大老、あるいは将軍補佐役に相当する非常時の役職と想定されていた。大老も将軍補佐役も譜代大名が任命される最高の役職であり、春嶽が尊敬する松平定信も将軍補佐役（老中兼務）として寛政改革を断行した。

親藩大名である春嶽は、大老や老中など譜代大名が任命される役職には就けなかった。そのため、同等の権限を持つ役職を新設することで、幕閣に送り込もうという秘策だった。このままでは慶福が継嗣に指名される流れを止められないと岩瀬は判断し、春嶽を幕閣に送り込むことでその阻止を目指したのである。

江戸に戻った堀田も岩瀬の秘策に賛同した。四月二十一日、江戸城に登城して将軍家定に勅許を得られなかったことを報告するとともに、この難局を切り抜けるため春嶽を大老に任命する案を上申したが、家定はこれを退けた。

その理由としては、家柄といい、人物といい、彦根藩主の井伊直弼を差し置いて、春嶽を大老に就ける謂れはない。早々に大老職を直弼に申し付けるべきである、とのことだった。

家定も難局を打開するための人事を構想していたが、一橋派にとっては堀田の提案は結果的にやぶへびとなった。家定が春嶽をどう思っていたかはわからないが、自分が嫌う慶喜を継嗣に擁立する運動を進めていたことは先刻承知のはずだ。少なくとも好意は持ち得なかっただろう。

そのため、春嶽の大老案が提起されると、即座に拒否し、井伊を大老に任命することを決断する。井伊家は過去に何人も大老に任命されたことのある家格だったからだ。そもそも、親藩大名は大老に任命できないのが幕閣人事の原則であった以上、家定の言い分は正しかった。

文化十二年（一八一五）、直弼は彦根前藩主井伊直中《なおなか》の十四男として生まれた。井伊家は譜代大名筆頭の家柄で、三十五万石の石高は譜代大名では断トツだった。

直弼が生まれたとき、兄の直亮《なおあき》がすでに藩主の座を継いでいた。兄弟も多かったことから井伊家を継げる見込みは乏しく、他家から養子話が舞い込んでくるのをひたすら待つ生活を送っていた。

実子がもうけられなかった藩主直亮は直弼の同母兄直元《なおもと》を跡継ぎに定めるが、弘化三年（一八四六）に直元は早世してしまった。そのため、養子先が決まらず結果として井伊家に残っていた直弼が跡継ぎに指名される運びとなった。嘉永三年（一八五〇）に直亮が死去すると、晴れて藩主の座に就いた。直弼三十六歳のときである。

安政五年四月二十三日、直弼は家定の特命により大老に任命され、二つの重大案件に対応することになった。将軍継嗣問題と通商条約勅許の二つだが、継嗣の件は家定の意向に従うべきという姿勢であった。要するに紀州藩主の慶福を継嗣とする考えであり、継嗣問

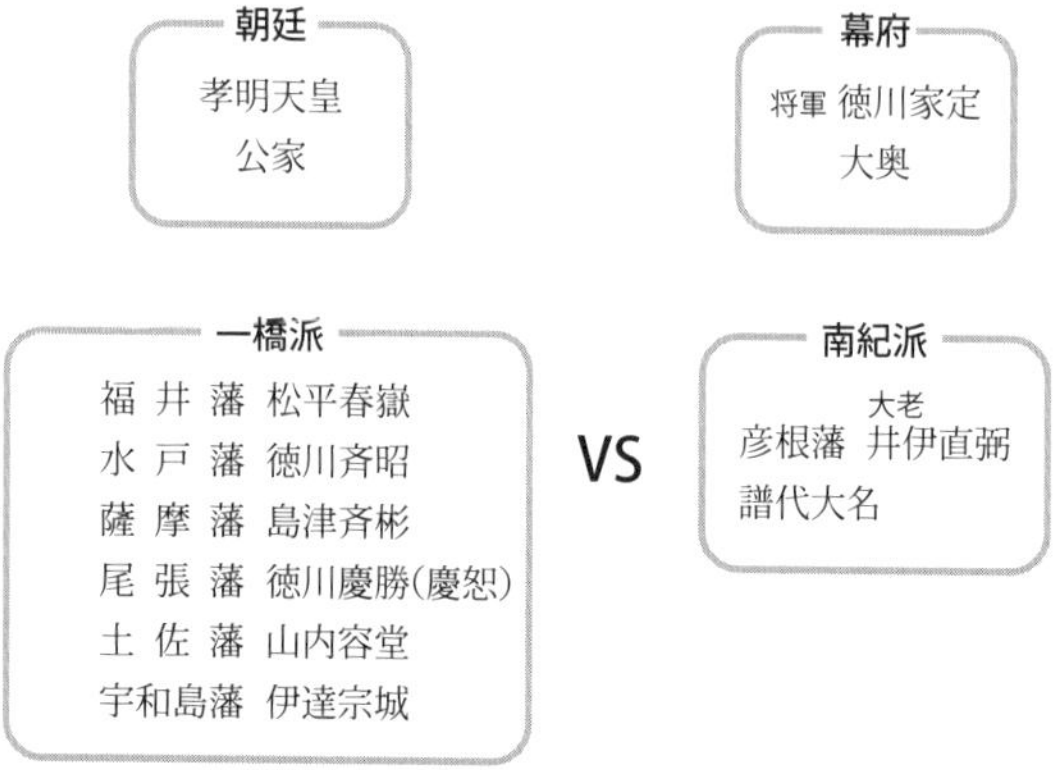

図7　幕末の勢力図（ペリー来航〜安政の大獄）

題は事実上決着がつくこととなった（図7）。

春嶽ら一橋派は最後の巻き返しをはかって協議を重ねたが、妙策はなく、正式の発表を待つだけとなった。六月二十五日、幕府は慶福を将軍継嗣として決定した旨を諸大名や幕府有司に公表し、次期将軍は慶福改め家茂《いえもち》と確定した。

通商条約即時調印をめぐる暗闘

一方、通商条約締結の件については勅許が得られなかったため、アメリカ全権のハリスに対し、七月二十七日まで調印を延期するよう要請した。その間に、諸大名に諮って締結止むなしの総意を得て、勅許を再び奏請しようとはかった。

ところが、その後に事態が急転したのである。イギリスとフランスが通商条約締結を幕府に迫ってくるとして、ハリスが即時調印を促したからだ。六月十八日のことである。

翌十九日、堀田に代わって直弼が主宰するようになっていた幕閣は対応を協議した。直弼は勅許を得ないまま調印すべきではないと主張したが、幕閣内では堀田や松平忠固をはじめ即時調印の意見が大勢を占めた。

勅許にこだわる直弼はハリスとの条約交渉にあたった目付の岩瀬と下田奉行の井上の両名を呼び、勅許が得られるまで調印は極力延期するよう命じた。井上はこれに対し、交渉が行き詰まった場合は調印しても良いか伺いを立ててきたため、直弼は、その際は仕方がないが、なるべく延期するよう努めるように、と答えた。

井上と岩瀬は、堀田らと同じく即時調印派であった。よって、直弼の言質を取ったと判断した二人はハリスのもとに向かい、その日のうちに調印してしまった。

江戸城から藩邸に戻った直弼は、側近宇津木景福《かげよし》の指摘を受けて重大なミスを犯したことを悟った。条約調印については、諸大名に諮った上で再度報告するよう朝廷から命じられていたからだ。勅許を得ずに調印するとなれば、事前に諸大名の合意を取っておくべきであった。

ショックを受けた直弼は大老職の辞意を漏らした。家臣たちは条約調印を中止しなければ、違勅の政治責任を問われると直弼に申し立てたが、すでに評議は決していて将軍の許可も取ったことであり、自分個人の判断では中止を命じられないとして取り合わなかった。一橋派の巻き返しを許すことにもなるという判断のもと、辞意も撤回した。違勅の罪を受ける覚悟を決めるのであった。

不時登城の敢行

家臣たちが危惧したように、諸大名に諮らず幕府の独断で調印に踏み切った直弼に対し、将軍継嗣問題で対立する一橋派大名はその責任を早速問いはじめた。この時点では慶福を継嗣とする旨は公表されておらず、内定の段階にとどまっていた。南紀派の盟主たる直弼の違勅の責任を問うことで、形勢の逆転をはかった。

直弼も春嶽らから糾弾されることは予期するところだった。六月二十三日には堀田と忠固を罷免し、違勅の政治的責任を取らせた。即時調印を主張したことが裏目となった形である。後任として越前鯖江《さばえ》藩主間部詮勝《まなべあきかつ》らが老中に任命されたが、まさに政変にほかならなかった。

いよいよ慶福を継嗣に定めるという家定の意志が二十五日に公表されることを察知した春嶽は、前日の二十四日に江戸城桜田門近くの直弼の屋敷を訪れた。言うまでもなく、勅許なしでの調印の責任を問うためである。

春嶽と直弼は激論となった。春嶽は何とかして継嗣公表を延期させようとしたが、直弼は取り合わなかった。登城の刻限であると伝えて会談を打ち切り、席を立ってしまう。憤懣やるかたない春嶽は斉昭や水戸藩主徳川慶篤、尾張藩主徳川慶恕とともに、直弼を追いかける形で「不時登城」を敢行した。

江戸在府中の諸大名の登城日はあらかじめ幕府の方から指定されていた。登城は大名が果たすべき重要な公務とされ、勝手に登城を休むことなど許されなかった。病気などで登城できない場合は、その旨をあらかじめ届け出る必要があった。届け出もなく登城しなかったとなると、ただでは済まなかった。

同時に、決められた日以外に登城することも不時登城として堅く禁じられた。しかし、事は急を要するとして春嶽は登城したため、これが命とりになってしまった。

登城した斉昭、慶篤、慶恕は御三家の殿席として指定された大廊下席上之部屋に入ったが、春嶽は大廊下席下之部屋に入った。先述したとおり、江戸城の控席である殿席は家格により峻別されており、江戸城に入ると春嶽は御三家の斉昭らと一緒の部屋にいることはできなかったのだ。

御用部屋にいた直弼や老中たちが大廊下席上之部屋に現れると、斉昭は激しく面詰して違勅の罪を糺《ただ》した。だが、糾弾されることを予期していた直弼らは、違勅調印のやむを得ない事情を奏上すれば朝廷もご理解くださると弁明し、批判をかわし続けた。

暖簾に腕押しの問答となったため、斉昭は下之部屋にいた春嶽を同席させて応戦させようとするが、直弼はこれを拒否した。城内での殿席が御三家と越前松平家では厳然と区別されていることを楯に、斉昭、慶篤、慶恕と春嶽を同席させるのを拒んだのだ。斉昭も家格を楯にした直弼の言い分には従わざるを得なかった。

直弼のペースにはまってしまった結果、春嶽らによる不時登城は何の成果も得られなかった。格好の反撃の理由を直弼に与えただけに終わってしまったのである。

翌二十五日、直弼は諸大名と幕府有司に総登城を命じ、慶福が将軍継嗣に決定した旨を公表した。春嶽らにとっては追い討ちをかけられた格好だが、直弼の反撃はこれだけではなかった。

春嶽の隠居

七月五日、直弼は将軍家定の意思と称して斉昭を謹慎、慶恕と春嶽に隠居謹慎を命じた。不時登城が処罰の理由であった。春嶽らとは別に、違勅の罪を直弼に糺していた慶喜も当分登城停止となった。翌六日、慶篤も当分登城停止となった。その後、一橋派の岩瀬も川路も左遷された。

直弼は春嶽らの行動を逆手にとることで、将軍継嗣問題で政敵だった一橋派の大名や旗本の追い落としに成功した。水戸藩、尾張藩そして福井藩に大きな衝撃が走ったのは言うまでもない。

春嶽は幕府から隠居謹慎を命じられると、常盤橋の上屋敷から霊岸島の中屋敷に移った。春嶽に限らず、諸大名の江戸中屋敷は隠居した藩主が住む屋敷と定められていたのである。春嶽は三十一歳にして政治的生命をいったん絶たれ、文久二年（一八六二）まで霊岸島屋敷での謹慎生活が続いた。のちに解除されるものの、外部との書面のやり取りも禁止された。

謹慎であるから屋敷の外には出られず、一室に籠る生活を強いられた。雌伏のときを過ごすことを余儀なくされた春嶽は読書などの文事に耽ることで、心の平安を保とうとしていた。もともとは、読書好きで筆まめな教養豊かなお殿様であった。

しかし、さしもの春嶽も生活環境の激変を受けて体に変調を来《きた》した。それだけショックが大きかったのだ。精神的に落ち込み、足の痛みも再発したため、翌安政六年（一八五九）四月には運動のため中庭を歩くことを幕府に願い出て、その許可を得ている。

跡を継いだのは、支藩の糸魚川藩主松平直廉《なおかど》であった。将軍家茂から偏諱《へんき》を受けて茂昭《もちあき》と改め、十七代目福井藩主松平茂昭が誕生する。

一方、幕府から処罰を受けたことで藩内は激しく動揺した。責任を感じた側近の中根雪江や左内は自刃を決意したが、春嶽に制止される。福井藩の歴史でみると、幕府から処分を受けるのはこれが最初ではない。改易や減封の処分を受けたことも過去にあった。

そうはいっても、左内ら春嶽の政治活動を支えてきた側近グループが藩内から激しい突き上げを受けるのは避けられなかった。なぜ春嶽を諫止しなかったのか。主君たる春嶽を直接批判できなかった分、左内らへの風当たりは非常に強かった。

春嶽に対する藩内の空気も微妙だったことは否めない。田安家からの養子である上に、春嶽主導の藩政改革への不満も溜まっていたからだ。そうした不満も、左内らへの批判に拍車をかけた。

こうして、側近グループもまた雌伏の時代を余儀なくされたのである。幕政進出が封じられたことで、福井藩は財政再建のための殖産興業にいっそう力を入れた。外に打って出るよりも、内部を固めようとしたのだ。春嶽の隠居を契機に、藩政改革の方向性は修正されていく。

戊午の密勅と左内の死

幕府により藩主の春嶽が処罰されたことで、福井藩は藩として通商条約勅許そして将軍継嗣に関する政治運動から手を引くが、水戸藩はそうではなかった。幕府の処分に猛反発して巻き返しをはかった。その第一手として、火の手が京都から上がった。

直弼が不時登城を理由に、政敵の斉昭らに謹慎処分を下したのは安政五年七月五日のことだが、その翌日に江戸城内で異変が起きたことになる。将軍家定が急死したのだ。幕府はその死をしばらく伏せたまま、難局を乗り越えようと目論んだ。

勅許を得ないまま調印に踏み切った件は朝廷には奏聞済みだったが、果たせるかな、天皇は激怒した。事情説明のため御三家もしくは大老の上京を幕府に命じたが、天皇の命令を伝える使者が江戸に到着した頃、家定の急死により幕府は大混乱に陥っていた。将軍不在の江戸城を直弼は離れられず、御三家にしても尾張家と水戸家に処罰を下したばかりだった。

七月九日、幕府は大老も御三家も上京は難しいとして、老中間部詮勝の上京を奏聞する使者を送ったが、これもまた天皇の怒りを買ってしまった。違勅を面詰した斉昭らの処分にも激怒し、譲位をほのめかすほどであった。

八月五日、憤激した天皇は幕府への詰問、あるいは譲位するかについて公家たちに評議を命じた。評議の結果、幕府への詰問に決したが、水戸藩にも勅諚を下すことになった。同八日に下った勅諚（「戊午《ぼご》の密勅」という）とは、

・勅許なしでの条約調印は遺憾だ。斉昭らへの処罰も罪状が不明である。
・内憂外患の折柄、諸大名は相談して国内の安定に努めよ。

という内容だった。

天皇の怒りを追い風に巻き返しをはかりたい水戸藩による朝廷工作の賜物であった。朝廷を介して直弼を追い詰めようとはかったのだ。

幕府の頭越しに、朝廷が大名に勅諚を下すなど前代未聞であった。この勅諚を諸大名にも知らせるようにという添書までつけられていた。幕府にも勅諚は伝えられたが、水戸藩に先に伝わるよう二日遅れの十日に降下された。朝廷と水戸藩に面目をつぶされた格好の直弼はこれに黙ってはいなかった。

九月四日、京都所司代に再任された小浜藩主酒井忠義《ただよし》が京都に入った。所司代の任務は幕府の代官として朝廷の監視にあたることだが、幕府は酒井の入京を機に、戊午の密勅降下に関わった水戸藩など諸藩の藩士や尊王攘夷の志士たちの捕縛に踏み切った。公家といえども、捜査の対象から逃れられなかった。

同十七日には直弼の意を受けた老中間部も上京し、酒井とともに捜査の陣頭指揮にあたった。捕縛した藩士や志士たちは相次いで江戸へ護送されていった。

幕府の追及は福井藩にも向けられた。福井藩は戊午の密勅降下には関与していなかったが、かつて左内が朝廷工作を展開したことが問題視されたのである。十月に入ると、左内に対する吟味も開始された。

翌六年（一八五九）八月二十七日、幕府は一橋派の大名に以下の処罰を下した。

・斉昭は追罰される形で国元水戸での永蟄居。
・慶喜と宗城は隠居謹慎を命じる。
・容堂に謹慎を命じる（容堂は危険を察知して隠居していたが、幕府はこれを許さなかった）。

その後、水戸藩家老安島帯刀《あじまたてわき》に切腹を命じ、同藩京都留守居役鵜飼吉左衛門《うがいきちざえもん》と息子幸吉、そして長州藩士吉田松陰《しょういん》が次々と死罪に処せられた。密勅降下に関与した近衛忠熙《ただひろ》ら公家も辞官落飾《じかんらくしょく》（出家）に追い込まれた。

昨年十月以来吟味が続いていた左内も、十月二日に小伝馬町の牢屋敷に収容され、同七日、斬首となった。享年二十六であった。

一連の厳罰は、味方のはずの親藩水戸藩や福井藩が、朝廷の権威を後ろ楯に井伊を追い詰めようとしたその手法が、幕府にとっては許しがたいものであったことを示していた。だが、その反動は桜田門外の変という形で直弼の身に降りかかるのである。

第三章　政事総裁職への就任と横井小楠

——慶喜・春嶽政権の誕生

一　殖産興業に努める福井藩

熊本藩士横井小楠の招聘

三十一歳のときに政治的生命をいったん絶たれた春嶽は、約四年の間、幕政の表舞台に立つことはできなかった。しかし、福井藩は春嶽が復帰するまでの間、殖産興業と貿易により着々と実力を蓄えた。

安政の大獄で非業の最期を遂げた橋本左内は、殖産興業を通じて藩を富ませることが持論であり、産業の振興により得られた産物を領外や海外に輸出することで利益を得ようという構想を持っていた。そのため、「制産」というフレーズを掲げ、藩が富強の実現に向けて積極的に関わるよう唱えたことは先に述べた。春嶽が幕府から隠居を命じられて藩政から退くと、改革を主導してきた左内らの影響力は弱まっていったが、福井藩の富強路線自体は変わらなかった。幕政進出の道が閉ざされたことで、内部の充実つまりは富強路線のスピードは速まった。「制産方」という部局も設置され、福井藩の富強路線を牽引した。

制産方は産物の開発や流通・売買に関与するとともに、運上《うんじょう》・冥加《みょうが》銀の徴収にあたった。製造方頭取として銃砲や火薬の製造に携わった三岡石五郎《みつおかいしごろう》も制産方に配置転換され、頭角を現す。製造方に代わって制産方が藩の藩政をリードしていくことになったのだ。なお、三岡石五郎とはのちの三岡八郎のことで、明治に入ると由利公正《ゆりきみまさ》と改名する。

そんな折、福井藩が進める富強路線に重要な役割を果たす人物が西からやって来る。熊本藩士横井小楠である。

春嶽の隠居前に話はさかのぼる。

左内を抜擢する一方で、藩外にも有為の人物を求めていた春嶽は家臣の村田氏寿を介して小楠の存在を知る。文化六年（一八〇九）生まれの小楠は思想家として藩外にも知られた儒学者だったが、藩の役職には就けず、自宅で私塾「小楠堂」を開いて藩士の教育にあたっていた。その教えを受けて藩政改革を目指した藩士たちは実学党と呼ばれ、小楠は実学党の領袖として藩内に隠然とした影響力を持つようになる。

安政四年（一八五七）五月、春嶽の意を受けた村田は小楠のもとを訪れ、福井藩に来てほしいと要請し、快諾を得る。春嶽は妻勇姫の父細川斉護に書面を送り、小楠を福井藩に招聘したいと申し出た。他藩の藩士に福井藩の仕事をさせるには所属藩の許可を取る必要があったからだ。

福井藩で小楠が何か問題を起こすことを恐れた熊本藩は、春嶽からの申し入れに難色を示す。しかし、その熱心な申し出に折れる形で小楠の派遣を認めた。

翌五年（一八五八）四月、小楠は福井に入った。藩政改革のアドバイザーのような立ち位置で招聘された小楠が抱いていた考えとは、福井藩が幕政進出を目指すのは時期尚早で、今は内部を充実させることに力を入れるべきということであった。

富強路線を優先させるのが肝要というわけだが、その後春嶽が隠居を命じられて幕政進出の道を閉ざされたことで、小楠の意見が藩内の支持を集めていく。その影響を受けて殖産興業に邁進したのが、先に名を挙げた三岡らだった。

産物会所の設立

福井に居を構えた小楠は、藩が目指すべき理念・方針を家老以下の諸有司と議論し、練り上げていった。そして藩論としてまとめ上げたのが、小楠の代表作の一つ『国是三論《こくぜさんろん》』である。「富国論」「強兵論」「士道」の三論から構成され、内外の危機にどのように対応すべきかが問答形式で語られていた。

この三論のなかで最も重視されたのが富国論である。当時、国とは藩を指す言葉であり、藩の領民が豊かになれば藩も豊かになるとの考え方のもと、生糸に代表される領民の生産物を藩が責任をもって販売して利益を挙げる藩営交易が推奨された。

これは藩が領内の産物を一手に買い上げ、独占的に販売することで利益を得ようという、藩専売制にほかならず、財政難に苦しむ藩の定番のシステムであった。一方で、その利益をできるだけ領民に還元する方針も示され、インセンティブをつけることで生産意欲を高めるという狙いが秘められていた。

それを実現するには希望する領民に資金を貸与するなどのバックアップが必要と説きつつ、販売先としては外国も念頭に置かれた。貿易も視野に入れることで富強の実現を目指した理念だったことがわかる。さらに、大問屋・小問屋を置いて藩内の集荷体制を強化することも提案されていた。

藩は小楠の「富国論」に基づき、領内産物の生産・流通・販売を管理する役所として城下の荒木祐右衛門《あらきゆうえもん》宅に産物会所を開設した。文久元年（一八六一）二月のことで、これが大問屋にあたる。

産物会所は制産方頭取の三岡らが管轄したが、実務を担当したのは藩士から任命された下代《げだい》と、城下を含め領内の豪商・豪農から任命された元締《もとじめ》たちである。その数はのべ二十人を超えた。

以後、産物会所は産業資金の貸与や産物の集荷などにあたり、販売ルートの関係上、江戸・京都・大坂などには出先機関を設けて、産物会所を管轄する制産方の役人を常駐させた。箱館、信濃、尾張、美濃、大津などにも同じく制産方の役人を派遣して調査や交渉にあたらせたが、これもまた販路拡大のためであった。

外国貿易への参入

福井藩は産物会所の開設に先行して、外国貿易に参入していた。貿易に参入したことで産物の集荷体制を強化する必要性を痛感するとともに、小楠のアドバイスもあって産物会所の開設に至ったと解釈した方が正確かもしれない。

春嶽が隠居に追い込まれる遠因ともなった通商条約に基づき、東海道神奈川宿近くの横浜が開港となったのは安政六年（一八五九）六月のことである。幕府は開港に伴い神奈川宿近くの戸部《とべ》村に神奈川奉行所を設置し、貿易の管理にあたらせた。

横浜の開港場は外国貿易を望む商人などが住む日本人町と、来日した貿易商人が住む外国人居留地に二分されたが、居留地に住む外国人はイギリス人が飛び抜けて多く、アメリカ人、ドイツ人と続いた。日本の主要輸出品となる生糸・蚕種紙《さんしゅし》・茶などの買い付け商人が多く、生糸の販売先を求めていた福井藩はこれに目をつけた。

奇しくも、福井藩は伊予松山藩松平家とともに神奈川・横浜の警備を幕府から命じられていた。そのため、開港直前の安政六年四月に横浜近くの大田村《おおた》に約一万二千坪の土地が貸与され、警備用の陣屋を建設することになった。建設に際しては横浜村名主石川徳右衛《とくえ》門《もん》の助けを借りたが、福井藩はこの人脈を活用して横浜の日本人町で九十坪の土地を借用する。「御国諸産物売捌所《おくにしょさんぶつうりさばきしょ》」という名の商館を建設し、開港に合わせて開業させた。

福井藩は当初、制産方が雇った与助という者を「石川屋」と名乗らせ、横浜の商館で生糸、呉服、太物《ふともの》、荒物《あらもの》、紙、蠟燭《ろうそく》などの産物を販売させたが、その後藩士を直接販売にあたらせる方式に変更する。このときは制産方の藩士岡倉覚右衛門《かくえもん》を石川屋の経営に関与させた。覚右衛門は明治時代に日本美術院を創設した岡倉天心の父だった。石川屋のほか、越州屋の屋号でも福井藩は生糸の取引を展開したが、産物会所が開設されると石川屋や越州屋はその出先機関となる。

覚右衛門は横浜に常駐して生糸などの産物の取引にあたる一方で、藩命により情報収集にも携わった。横浜にいれば海外の情報も入手しやすかったからだ。

福井藩は横浜のみならず、同じく開港場となった長崎にも貿易の拠点を設ける。福井屋の屋号で出店し、生糸などを輸出した。横浜の石川屋や越州屋と同じく、長崎の福井屋も産物会所の出店となる。長崎貿易では、制産方の三岡が実現に向けて奔走した。

春嶽が雌伏の時代を江戸で送っていた頃、福井藩は生糸を中心とした外国貿易により利益を蓄え、再び表舞台に登場するときを待ったのである。

二　悲願の幕政進出と政治理念

謹慎の解除と薩長の国政進出

大老井伊直弼は春嶽ら政敵の大名に対して厳しい処分を科したが、それは自分の命を縮める結果をもたらした。安政七年（一八六〇）三月三日、江戸城に登城しようとしたところ、水戸藩を脱藩した浪士たちに襲撃されて討ち取られたのだ（桜田門外の変）。安政の大獄では水戸藩に対する処分が最も過酷であり、その反動が直弼の身に降りかかった形だ。大きな衝撃を受けた幕府は、春嶽らを赦免することで大名との間にこれ以上の亀裂が走るのを防ごうとはかった。

謹慎処分を受けた春嶽の場合、その前年四月に運動のため中庭を歩くことが許されたものの、依然として行動の自由は厳しく制限されていた。ところが、桜田門外の変が起きてから半年後にあたる安政七年改め万延元年九月四日に、二年以上も続いた謹慎が解除される。面会や文通には引き続き制限がかけられたものの、復権への第一歩となったのである。このとき、尾張前藩主徳川慶恕や土佐前藩主山内容堂らも同じく謹慎が解かれた。

これにより、春嶽は家臣と対面できるようになった。側近の中根雪江や村田氏寿らと協議を重ねる一方で、天候が良ければ乗馬や鉄砲稽古に勤しんだ。家臣たちによる武術の試合も見ている。文久元年（一八六一）四月には熊本藩から招聘した小楠とも初対面を果たした。

翌二年（一八六二）四月二十五日、幕府は春嶽や慶喜らを赦免する。これにより、他藩の大名や藩士との対面や書面のやり取りも可能となった。五月七日には将軍家茂に拝謁し、折々登城して幕政に参与することを命じられた。隠居の身ではあったが、政治的に復権したのだ。水戸前藩主の斉昭と同じ立場となった。

当時、諸大名に対する幕府の政治姿勢は変化の兆しをみせつつあった。安政の大獄により、親藩大名や外様大名が幕政に進出する道はいったん閉ざされたものの、その道が再び開かれた。これもまた、桜田門外の変の影響がみて取れるだろう。

勅許なしに調印した通商条約の扱いに苦慮する幕府に対し、幕末史の主役となる長州藩が助け船を出してきたことが幕政進出の突破口となった。長州藩が通商条約を是認する立場で開国論（航海遠略策）を朝廷に献策したいと提案してきたのを受け、幕府は朝廷への周旋活動（公武周旋という）を依頼したが、これは外様の雄藩長州藩に国政への関与を認めたことを意味した。文久元年十二月のことである。

勅許を得ずに条約を締結したとして、尊王攘夷派の公家や志士に責め立てられた幕府にとって、長州藩の提案は渡りに船だったわけだが、幕政進出を目指していた有志大名には大きな刺激となった。とりわけ、慶喜の将軍継嗣への擁立という形で幕政進出を目指した薩摩藩などは、最も衝撃を受けたに違いない。長州藩に先を越されたからだ。親藩大名の春嶽にしても同じ気持ちであったかもしれない。

春嶽の盟友のような存在だった島津斉彬は、春嶽が隠居を命じられた直後の安政五年七月十六日に急死していた。斉彬の跡を継いだのは異母弟久光の長男茂久《もちひさ》だが、藩の実権を握っていたのは久光である。

久光は斉彬の遺志を継ぐ形で、いわゆる有志大名として幕政進出を決意するが、尋常な手段では難しいと判断して天皇の権威を利用しようと考えた。慶喜が将軍継嗣にふさわしいとの内勅を出してもらうことで、春嶽らが擁立運動を有利に進めようとしたのと同じ手法だった。

文久二年三月十六日、久光は千人余の藩兵を率いて鹿児島を出立し、江戸へ向かった。この武力をもって幕政進出を目指すが、江戸に直行したのではなかった。その前に京都へ立ち寄り、朝廷の権威を後ろ楯として幕府にプレッシャーをかけて、斉彬以来の悲願である幕政進出を実現しようと目論んだ。

四月十六日に入京した久光は、朝廷に九ヵ条の建言書を差し出すが、そこには亡兄斉彬とともに慶喜の擁立をはかった春嶽を大老、そして慶喜を将軍後見職に任命することが提案されていた。慶喜と春嶽を幕閣に送り込むことで、幕政への発言権を確保しようとしたのだ。両者が薩摩藩の代弁者として動いてくれることを期待したが、事前に春嶽や慶喜に相談はなかったようであり、薩摩藩主導による人事案だった。

一方、久光の率兵上京に乗じた挙兵計画が尊王攘夷派の志士たちの間で持ち上がり、京都は不穏な情勢に陥った。少なからぬ数の薩摩藩士もこの計画に加わっていたが、京都鎮撫を朝廷から命じられていた久光は看過することもできず、藩士有馬新七《ありましんしち》らを上意討ちに処した。同二十三日に勃発した寺田屋事件だ。志士たちの不穏な動きを憂慮する朝廷は藩士を犠牲にしても鎮撫を果たした久光に、以後厚い信頼を寄せるようになった。

政事総裁職への就任

寺田屋事件も追い風となって朝廷の厚い信任を勝ち取った久光は、その意を汲んだ勅使を奉じた上で江戸に下ることを認められた。勅使大原重徳《おおはらしげとみ》が東海道経由で江戸に向かったのは五月二十二日のことであった。

六月七日、久光率いる薩摩藩兵に守護された勅使大原一行は江戸に入った。十日に大原は江戸城に登城し、春嶽の大老就任、慶喜の将軍後見職就任を求める勅旨を幕閣に伝えた。

朝廷の権威と薩摩藩の武力をもって幕府人事に露骨に介入してきた久光に、幕府は当然ながら嫌悪感を持った。まして、久光は藩主でさえないのだ。

春嶽にしても幕閣入りは望んでいなかった。幕政参与を命じられたため、早速登城して老中や若年寄などの幕閣に意見を述べたものの、反応は鈍かった。譜代大名や幕臣で占められた幕閣にしてみれば、親藩大名の春嶽は煙たい存在だったからである。

聞く耳を持たない幕閣に入ったところで自分の考えが幕政に反映される望みはないとして、春嶽は大老就任を辞退する考えであった。春嶽を奉じる福井藩も、大老は将軍の家臣筋の譜代大名が就任する役職であり、徳川一門の親藩大名にはふさわしくないという見解を取っていた。

幕閣の激しい抵抗に遭っていた久光としては、肝心の春嶽が大老就任に消極的なのは困ったことであり、その説得に努めた。人事案を呑もうとしない幕閣に対しては朝廷の威光を楯に、その受諾を激しく迫った。そして、春嶽大老案と慶喜後見職案を呑ませることに成功する。

小楠が朝廷（薩摩藩）からの要請を受諾するよう勧めたこともあり、春嶽も就任を受け入れるが、先述のとおり、大老には就任できない立場を踏まえ、大老職に相当する役職として新設される政事総裁職に就任することで話がまとまった。幕府との微妙な関係も相まって幕政関与の道を封じられてきた福井藩には、長年の鬱屈を晴らす好機と映っただろう。

七月六日、慶喜は一橋家を再相続した上で将軍後見職に任命された。九日には春嶽が政事総裁職に任命され、慶喜と春嶽が幕閣をリードする政治体制が生まれた。慶喜・春嶽政権の誕生である。

横井小楠が建策した国是七条

亡兄の斉彬の遺志を継ぐ形で、慶喜と春嶽を幕閣に送り込むことに成功した久光は、幕政改革についての建言二十四ヵ条を示す。その多くが文久の幕政改革として実現するが、参勤交代制の緩和、諸大名妻子の国元居住はその象徴的な施策だった。

幕政のトップに立った政事総裁職の春嶽は、これまでのような幕府独裁の政治を「私政」として改め、朝廷と一体化（「公武一和」）して「公論」に基づく政治を進めるべきという理念を持っていた。公論とは世間一般の議論、公平な議論のことで、幕府以外の勢力の政治参加を求める際に提示された概念である。

公論をキーワードに、幕政から排除されてきた親藩大名・外様大名の意見も幕政つまり国政に取り入れることを、譜代大名が仕切る幕府に求めたのだ。これにより、挙国一致の政治体制を実現しようとした。

公論は国政進出を目指す福井藩のキャッチフレーズとなり、「万機公論に決すべし」にはじまるのちの五箇条の御誓文にも受け継がれていく。

春嶽は福井藩のアドバイザーを務めていた小楠をブレーンとして、幕政改革にあたる決意を固めた。小楠は春嶽の意を踏まえ、改革を進める際の指針として、

①将軍の上洛
②参勤交代制の緩和
③諸大名妻子の帰国
④外様・譜代の別に限らず賢者の国政参加
⑤言路を開き、公共の政治を行う
⑥海軍力の強化
⑦官営交易の実現

という「国是七条」を建策した。

春嶽は「国是七条」を念頭に置きながら改革に取り組んだ。なかでも力を入れたのが、

久光の建言二十四ヵ条にも盛り込まれた参勤交代制の緩和であった。ペリー来航以来、春嶽が参勤交代制の緩和や大名妻子の帰国などを幕閣に建言していたことは前章で触れた。

だが、特に参勤交代制の緩和などは老中たちの激しい抵抗を受けたため、春嶽は非常の策を取る。病と称して江戸城への登城を中止し、藩邸に引き籠ってしまったのだ。想定外の行動に困惑した幕閣は登城するよう説得にあたるが、春嶽は小楠をしてそれら幕閣の説得にあたらせた。

このような幕臣のなかにも、春嶽の政治姿勢に共鳴する者も現れていた。重職の御側御用取次に抜擢される大目付大久保忠寛《ただひろ》（一翁《いちおう》）などはその代表格である。小楠の説得により、最後まで参勤交代の緩和に抵抗していた老中板倉勝静《いたくらかつきよ》もついに折れた。

ここに至り、春嶽は登城を再開した。日ならずして、参勤交代制の緩和などを骨子とする文久の幕政改革の断行が内定する。

文久の幕政改革と将軍家茂

文久二年閏八月十五日、将軍家茂は江戸城黒書院に出座し、諸大名宛の上意書を達した。参勤交代制の緩和により負担を軽減するので、軍事力の強化に努めよとの趣旨である。この将軍の上意を受ける形で、幕府は同二十二日に諸大名の負担軽減に関する指令を発したが、その主な内容は次のとおりである。

①諸大名の江戸参勤は三年に一度。

②江戸在府期間は百日に短縮とするが、御三家など徳川家に近い大名は一年のまま。

③江戸に置いていた妻子は国元に帰国させても構わない。

④大名が現在国元に戻っている場合は、江戸藩邸には多くの家臣を置かない。

⑤年始・八朔・参勤・家督相続以外の儀礼に伴う将軍への献上物、幕閣への進物は全廃とする。

この一連の指令により、諸大名の出費は大幅に減少した。出費とは参勤交代の経費、江戸滞在費、幕閣の役得となっていた進物代である。その分、幕府としては諸大名が軍備を充実させることを期待した。

一方、江戸在府期間の短縮は江戸の経済に大打撃を与えることになった。江戸滞在費が減少した分、江戸の町に金が落ちなくなったからだ。

諸大名統制の根幹だった参勤交代制を緩和し、大名妻子の帰国も認めたことで、その自立性はおのずから高まるが、対照的に幕府の統制は弱体化せざるを得なかった。妻子を人質に取っていたからこそ、幕府は諸大名を統制できた。であるからこそ幕閣は、これまでは幕府の存立を危うくするものとして参勤交代制の緩和に否定的だったのである。

文久の幕政改革では有為の幕臣が抜擢されていくが、勝海舟はそのシンボルのような人物である。この年の閏八月十七日に軍艦奉行並に抜擢された勝は海軍力の強化にあたり、やがて春嶽の紹介により、土佐藩を脱藩していた坂本龍馬が勝を訪ね、師事するようになったことは良く知られているだろう。

ようやく念願の参勤交代制の緩和などを実現した春嶽だが、幕閣との関係は依然として良くなかった。そうした事情は慶喜にしても同じで、二人は敬して遠ざけられていたのが実態だ。二人は政治力を充分に発揮できなかったのだ。これは、譜代大名が主導する幕閣からすると、薩摩藩などの外様大名が慶喜の補佐を口実に幕政に介入してくるのは何としても避けたいということであった。

春嶽と慶喜の関係も必ずしも円滑ではなかった。春嶽は慶喜を評価して将軍継嗣に擁立したものの、実際に幕政に関与しはじめると、意見の違いが表面化し、二人の関係は次第に綻びをみせはじめることになる。

対照的に、将軍家茂への印象は非常に良かった。自分が推す慶喜のライバルだったわけだが、家茂の実父で紀州藩主の斉順は春嶽の従兄弟でもあり、元を正せば家茂の方が身近な存在であった。

家茂もそんな身近さからか春嶽を信頼する。春嶽も十八歳年下の家茂の補導に力を入れ、二人の間に信頼関係が醸成されていく。その象徴こそ、春嶽が立案した文久の幕政改革に家茂が承認を与えたことだったのである。

三　京都での苦難と無断帰国

奉勅攘夷路線に転換した長州藩

春嶽そして慶喜が幕閣の抵抗に直面しながら、江戸で文久の幕政改革を進めていた頃、京都の政情は一変する。慶喜・春嶽政権の産みの親である薩摩藩が影響力を低下させ、代わって長州藩が台頭していたのだ。

春嶽が政事総裁職に就任する前の話である。

幕府は孝明天皇の妹和宮《かずのみや》を将軍家茂の御台所に迎える公武合体策により幕府権威の復活をはかったが、当初天皇は降嫁に難色を示した。このとき、幕府は和宮の降嫁を実現するため、十年以内の破約攘夷を天皇に約束する。アメリカなどと結んだ通商条約を破棄し、攘夷を実行することを誓ったのだが、これは攘夷主義者の天皇が強く望むところだった。

幕府は破約攘夷を約束した事実を隠していたが、春嶽が政事総裁職に就任した頃には広く知られるところになっていた。この事実は尊攘派を勢いづけ、京都には攘夷を唱える志士が跋扈《ばっこ》する事態を招いた。朝廷内でも破約攘夷論を唱える公家たちが台頭していく。

通商条約を是認する立場で開国論を朝廷に献策していたはずの長州藩はその流れに乗る形で、開国論から破約攘夷に藩論を一八〇度転換させる。条約を破棄して攘夷を実行するよう、朝廷をして幕府に働きかける方針に藩論を転換させたのだ。春嶽が総裁職に就任したのと同じ文久二年七月のことである。

長州藩は破約攘夷を唱える過激な公家たちの後ろ楯に収まることで、政局の主導権を握ろうと目論んだ。この頃、久光は江戸で春嶽の幕閣入りを目指して奔走していたが、京都を留守にする間に、長州藩による工作も相まって破約攘夷論が朝廷内を席巻した。朝廷の厚い信任を受けていた薩摩藩に対する長州藩の対抗意識があったことは否めない。

閏八月七日に京都へ戻った久光は、そんな朝廷の状況に危機感を強め、幕府に攘夷を命じてはならないと申し立てた。その理由は、

①朝廷が幕府に攘夷を命じたことが明らかになると、攘夷を叫ぶ浪士たちが横浜や長崎の居留地にいる外国人を襲撃する恐れがある。

②諸外国が連合して報復に出れば、日本に勝ち目はなく、清がイギリスに敗北したアヘ

ン戦争の二の舞となる。

③災いのもとになる攘夷の命令は出してはならない。

というものである。

しかし、朝廷内では長州藩をバックにした過激な尊攘派の公家たちが勢力を強め、久光の直言が聞き入れられる状況ではなかった。失望した久光は薩摩へと帰っていった。

長州藩に朝廷を牛耳られた薩摩藩は当然ながら反感を抱いた。両藩の関係悪化は避けられなかったが、久光には京都に長く留まれない事情があった。江戸から京都に戻る途中の東海道神奈川宿近くの生麦村で、行列を横切ったイギリス人を殺傷する事件（生麦事件）を引き起こしていたのだ。憤激したイギリスの報復に備えて国元に戻らなければならなかったのである。

京都守護職となった親藩会津藩

薩摩藩が退場したことで、京都の政局は長州藩の独壇場となった。長州藩を後ろ楯に、過激な尊攘派志士たちによる天誅と称した殺傷事件がますます激しくなる。その対象は、破約攘夷論に反対する幕府寄りとみなされた者たちだった。

いきおい、京都の治安は非常に悪化した。ついには、十万石前後の譜代大名から任命された京都所司代の力だけでは、治安の維持はとても覚束ない状況に陥った。

こうした状況に危機感を抱いた春嶽は京都守護職を新設し、二十三万石の石高を誇る会津藩の武力をもって京都の治安を回復しようと目論んだ。福井藩と同じく、会津藩も幕府の役職には就けない親藩大名だが、非常時であるとして藩主松平容保《かたもり》に京都守護職就任を求めた。

そのような状況下の京都で守護職を務めることは、薪を抱いて火を救うものであるとして、会津藩の重臣たちは猛反対だったが、春嶽は、会津藩祖保科正之《ほしなまさゆき》ならば必ず引き受けただろうと、説得を重ねる。この言葉は容保には殺し文句だった。

正之は三代将軍家光の異母弟で、幕府への絶対的な忠誠を歴代藩主に求める家訓を残していた。すなわち、会津藩に守護職就任を求めざるを得ない幕府の窮地を救おうともせず黙って見ていることなど、果たして藩祖の正之が許すであろうか。正之ならば引き受けるはずだ、と訴えたのだ。

その点を春嶽に突かれた容保は苦悶の末、守護職受諾を決意する。この年の十二月より、多数の藩士とともに在京することになった容保は新撰組を配下に置くなどして、京都の治安維持に力を入れた。

そんな真摯な姿勢を天皇も評価し、その信任は高まった。しかし、攘夷主義者の天皇を

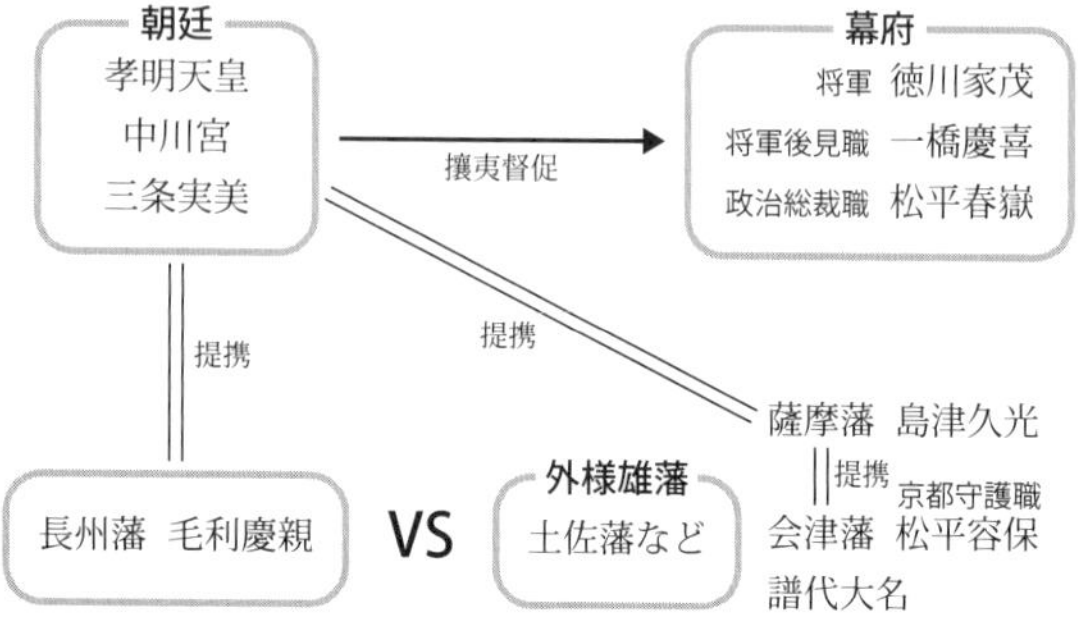

図８　幕末の勢力図（福井藩の幕政進出〜文久３年８月18日政変）

後ろ楯に攘夷実行を幕府に迫ることで政局の主導権を握った長州藩は、天皇が会津藩への信任を深めれば深めるほど、同藩を敵視するようになっていった（図8）。

大政奉還論の提唱

江戸に代わって政局の舞台となりつつあった京都で、朝廷を介して幕政に影響力を行使しようとしたのは、薩摩藩や長州藩だけではなかった。有力外様大名の土佐藩も同様の手法で幕政進出をはかった。

前藩主山内容堂は春嶽と非常に親しい関係にある有志大名の一人だが、藩内は尊攘派の藩士が牛耳っていた。土佐勤王党のリーダーである藩士武市半平太《たけちはんぺいた》は、長州藩と同じく藩論を攘夷でまとめ、藩主みずから勅使を奉じて幕府に攘夷を督促しようと目論んだ。十月十二日、藩主山内豊範《やまうちとよのり》は勅使三条実美《さんじょうさねとみ》と姉小路公知《あねこうじきんとも》を奉じて江戸に向かった。二人は尊攘派の公家の代表格であった。

この頃、幕府は朝廷から督促された破約攘夷の対応に苦慮していた。春嶽は朝廷の意向を遵守する立場から、違勅の通商条約はいったん破棄した上で諸大名と議論を重ね、開国論を奏上すべきと唱えた。要するに、公論を踏まえて条約の勅許を改めて求めるという戦略だが、老中以下の幕閣は条約の破棄は欧米列強の同意が得られないとして否定的だった。慶喜も破約攘夷に反対した。

春嶽は慶喜や幕閣の意見を受け、この自説を撤回した。その結果、攘夷は無謀であるとして開国論を朝廷に奏上することになったが、朝廷が受け入れない場合には幕府は政権を返上する覚悟を定めるべきと春嶽は考えていた。大政奉還論である。

大政奉還を持ち出すことで、破約攘夷を求める朝廷を説得しようとしたのである。幕府からすると最後の切り札であり、禁じ手と言えるかもしれない。

ところが、十月二十八日に攘夷実行を求める勅使三条らが江戸に到着すると、風向きが変わった。結局、慶喜・春嶽率いる幕府は攘夷実行を命じる勅旨を奉承することになった。勅旨を奉承しないと天皇の意向に背いたとして、将軍が討伐される立場に追い込まれる危惧があったからだ。

十一月二十七日、三条は江戸城に登城し、攘夷の実行を求める勅旨を家茂に伝えた。十二月五日、家茂は三条に対して攘夷の勅旨を奉承した。その方策については衆議を尽くした上で委細言上すると返答したことで、将軍の上洛が確定した。

幕府としては、家茂の上洛に先立って慶喜と春嶽を京都に向かわせ、朝廷を説得する腹積もりだった。攘夷の無謀さを訴え、開国つまり条約の勅許を獲得しようと目論んでいたが、それは画餅に帰した。春嶽は京都で窮地に立たされるのであった。

追い詰められた春嶽

翌文久三年(一八六三)は幕末史において大きな転機となった年である。全国各地で尊王攘夷の志士たちが倒幕も見据えて挙兵しはじめた年だ。以後、日本は戦乱の時代に突入し、春嶽そして福井藩にとっても安政五年に続いて存亡の危機に立たされた年となった。

勅使の三条と姉小路が京都に戻るのを追いかける形で、東海道を西に向かった慶喜が京都に入ったのは一月五日のことであった。春嶽も軍艦奉行並の勝海舟が指揮する軍艦順動丸で大坂湾へ向かい、二月四日には入京した。やがて、容堂や伊達宗城も上京した。慶喜擁立以来の同志であり、一橋派大名が京都に結集する形となった。

家茂は上洛後に、天皇のいる御所に参内する政治日程が組まれており、そのときまでに春嶽らは朝廷を説得して破約攘夷の主張を取り下げてもらう必要があった。さもないと、家茂は天皇の前で攘夷実行を約束させられることになるのだ。春嶽らが危惧したとおり、歴史は動いていく。

将軍の上洛は、年来春嶽が主張するところであり、江戸城の将軍が京都にいる天皇のもとに赴くことで、公武合体を目にみえる形で天下に示すことができるはずだ。「公武一和」により幕府権威を回復させたい狙いが込められていた。ところが、当時は朝廷と幕府各々が諸大名に指令を下すことが常態化し、政令二途の状態に陥っていた。

これは朝廷から大政を委任されている幕府としては実に由々しき事態であり、春嶽はその克服に向けても奔走していた。幕府が政権を返上するか、朝廷が幕府に改めて大政を委任するかの二者択一で臨むよう主張し、不退転の決意で公家たちへの説得工作を展開した。再び大政奉還論を持ち出すことで政令二途の状態を克服し、名実ともに「公武一和」となることを目指した。

しかし、尊攘派の公家たちは破約攘夷を実行しようとしない幕府に改めて大政を委任することには反対だった。幕府に丸投げしては、いつになっても攘夷は実行されないとみなして、春嶽らから説得を受けていた関白たちに対し、攘夷実行の期限を幕府に迫るよう激しく突き上げた。

朝廷を取り仕切る関白たちは少壮の尊攘派の公家たちには別に恐怖心はなかったが、その背後で暗躍する、反対派には天誅も辞さない過激な志士たちの動向を懸念した。危害が加えられることを恐れて及び腰となり、春嶽らの期待どおりに動くことができなかった。

先に攘夷督促の勅使として江戸に下った三条は、攻めに転じた。二月十一日に慶喜の宿所を訪れ、攘夷実行の具体的な日限を朝廷に申し出るよう求めたのだ。その勢いに押しきられた慶喜や春嶽、京都守護職の松平容保らは、家茂が江戸城に戻ってから二十日後を期限とすると約束した。同十四日のことである。攘夷の無謀さを訴え、条約の勅許を獲得しようという春嶽の目論見は絶望的となった。

一方、家茂上洛のときは刻々と近づいていた。二月十三日に江戸城を出立した家茂一行は東海道を西に向かっており、三月はじめには上洛の予定だった。春嶽は万事休すの状況へと追い詰められた。

政事総裁職の辞職、帰国

春嶽が朝廷を説得できないまま、家茂上洛の日を迎えた。攘夷実行の期限も、家茂が江戸城に戻ってから二十日後を期限とすると約束してしまった。政令二途の現状を克服することは難しかった。

責任を痛感した春嶽は家老たちと協議に入り、家茂が京都に入るのを待って政事総裁職を辞職するとの結論に達した。これが福井藩の意思となる。

三月四日に家茂一行は京都に入る予定であった。その前日の三日、春嶽は出迎えのため大津に赴いた。家茂に拝謁して京都の政情を報告するとともに、現下の情勢ではなす術がないとして将軍職の辞職を進言した。このとき自身も総裁職を辞す覚悟を伝えている。

上洛した家茂は、七日に御所に参内する。先立って参内した慶喜の奔走もあって、将軍つまり幕府に改めて大政を委任する旨の勅書が出されたものの、事柄によっては諸藩に指示を下すこともあるとの一文が附記されていた。政令二途の現状を克服できなかったことが勅書でも明示されてしまったのだ。

この勅書に接した春嶽はもはやこれまでとして、九日に総裁職の辞職願を朝廷に提出した。朝廷からの要請により就任した役職であったからだ。辞表提出を知った慶喜らはその撤回を強く求めるも、春嶽に翻意する意思はなかった。

三月十四日には、慶喜・春嶽政権の産みの親である島津久光が入京したが、朝廷が尊攘派に依然として牛耳られる現状に接して事態を絶望視し、早くも十八日には帰国してしまった。イギリス軍艦の来襲に備える必要があったからだが、最も頼りになる久光が帰国したことで春嶽も踏ん切りがついたのかもしれない。

総裁職にとどまるよう幕閣からも慰留が続けられていたが、二十一日に福井藩士たちは春嶽を奉じて帰国の途に就く。辞職願が許可されないままの帰国であり、幕府から追っ手がかかることも覚悟しての帰国だった。

幕府は春嶽の帰国強行を受け、後追いの形で総裁職を罷免し、逼塞《ひっそく》の処分を下した。逼塞とは門を閉ざして昼間の出入りを禁じたものである。昼夜とも出入りを許さない閉門よりは軽い処罰だが、春嶽が罷免されたことで慶喜・春嶽政権は事実上瓦解した。

総裁職を辞する決意は固かったものの、朝廷と幕府の許可を得ることにこだわる春嶽は、このとき許可が下りないうちに帰国することは望んでいなかった。しかし、藩士たちは許可が下りるのを待っていては際限がない、許可を待たずに帰国すべきと強く主張し、春嶽もこれに従ったのである。

第一章で触れた幕府と福井藩の微妙な関係、そして養子の立場の春嶽が福井藩に非常に気を遣っている様子がはからずも露わになったが、かつて橋本左内は主君春嶽について同僚の村田氏寿に、

誠実一筋の人柄で思いやりも深いが、乱れた世を鎮めて治める器量に不足するうらみがある。天下の奸雄・豪傑を籠絡する手段も持ち合わせていない。

と指摘している。要するに、乱世を乗り切るには性格が真面目過ぎるということなのだろう。剛腹な人物ではなかったことが仇となった。

左内の指摘を踏まえると、生真面目な性格が春嶽その人を追い詰め、辞表を提出するに至った経緯がよくわかる。三十六歳になっていた春嶽の二度目の挫折であった。

四　挙藩上京の中止と藩内粛清

攘夷実行と小笠原長行の率兵上京計画

三月二十一日に春嶽が帰国を強行したあとも、幕府を取り巻く環境は悪化の一途を辿った。尊攘派の公家や志士たちは家茂が上洛してきたことをこれ幸いとして、天皇に約束した破約攘夷を速やかに実行するよう幕府を激しく責め立てた。さらに、その期日を約束しなければ、将軍が江戸城に戻るのを認めないと追い詰めた。

春嶽と同じく攘夷実行に否定的な諸大名も入京していたが、正面切って攘夷に反対することはできなかった。朝廷内が尊攘派公家に牛耳られた上に、破約攘夷論に反対する幕府寄りとみなされた者に天誅が加えられていたことも背景にあった。春嶽に続く形で、容堂や宗城も帰国していく。

四月二十日、ついに幕府は朝廷からの督促に耐え切れず、五月十日を攘夷実行の期日にすると約束してしまう。慶喜は攘夷実行を幕府首脳部に督促するため、江戸に戻った。慶喜も京都を去ったことで、家茂と在京老中だけが京都に取り残された形となった。

幕府は朝廷の要請に応じて期日を報告したものの、攘夷を実行する意思はなかった。日本側から開戦することも諸藩には禁止していた。そのポーズを示しただけだったが、実際に攘夷を実行した藩があった。長州藩である。

五月十日当日、長州藩は下関海峡を航行するアメリカ船に砲撃を加えた。その後、フランス船やオランダ船にも砲撃したが、六月一日にアメリカ軍艦、五日にはフランス軍艦による報復攻撃を受けて同藩の軍艦は撃沈され、砲台も破壊された。欧米列強の前には、既存の軍事力などまったく無力である現実を長州藩は思い知らされた。

長州藩は欧米列強と戦火を交えたが、その頃、江戸も開戦前夜の様相を呈していた。前年に起きた生麦事件について、イギリスが謝罪と賠償金の支払いを幕府に強く迫ったからである。本国から十二隻の軍艦を呼び寄せて横浜港に入港させ、江戸城の幕府首脳部にプレッシャーをかけた。

五月十日を期して攘夷を実行すると約束した幕府としては、イギリスの要求に屈して賠償金を支払うことなどできなかった。朝廷が認めるはずもなかったからである。幕府は引き延ばしに出るが、イギリスもいつまでも待てず、五月九日までに回答するようにと通告する。同日、窮した幕府は老中格小笠原長行《おがさわらながみち》が独断で賠償金を支払った。

そして、小笠原は朝廷への弁明のため、軍艦に乗船して海路大坂湾に向かうことになった。大坂からは陸路で京都に入る予定で、軍艦には陸軍部隊千数百人も乗船していた。小笠原の本当の目的は、攘夷を強要する朝廷を軍事力で押さえつけて開国論に転じさせ、家茂を江戸城に連れ戻すことにあった。まさしく軍事クーデターにほかならない。外国奉行浅野氏祐《あさのうじすけ》、南町奉行井上清直《いのうえきよなお》、目付向山一履《むこうやまかずふみ》らもこの計画に同調し、小笠原と行動をともにした。

同二十五日に江戸を出立した小笠原率いる陸軍部隊は、早くも二十九日には大坂に上陸する。六月一日、大坂を出立して京都に向かい、その日は淀城下で宿泊したが、小笠原の率兵上京に京都は騒然となった。

今回のクーデター計画は、在京老中たちには事前に知らされていなかった。とりあえず小笠原の入京をとどめようとしたが、小笠原も引かず、五日間ほど押し問答が交わされた。老中水野忠精《みずのただきよ》も淀に出向き、入京差し止めという家茂からの命令を伝えた。なおも小笠原は抵抗したが、最終的には淀から大坂に引き返した。

この一件は、家茂が小笠原を罷免することで決着がはかられることになった。軍事クーデターは未遂に終わったが、朝廷を牛耳る尊攘派の公家や志士たちへの不満が幕府内部に渦巻いていたことが白日のもとに晒《さら》される結果となった。

一方、ようやく江戸に戻ることを認められていた家茂は、六月九日に京都を出て大坂城に向かった。そして十三日に大坂から海路、軍艦に乗船して江戸へと向かい、十六日に帰城している。

挙藩上京計画の浮上と雄藩連合の構想

尊攘派の公家や志士たちを京都から一掃しようという計画は、幕府内だけで企てられたのではなかった。京都を退去した福井藩でも密かに同様の計画が進行していた。

福井に帰国した春嶽は幕命に従い逼塞していたが、朝廷を牛耳る尊攘派の公家や志士の動向への危機感は増す一方であった。五月十日を攘夷実行の期日と約束したことで、欧米列強との開戦危機が間近に迫ったとも感じたはずだ。

十三日、春嶽は在京老中の板倉勝静のもとへ側近の中根雪江を派遣し、現在は破約攘夷が国是となっているが、諸大名や藩士、草莽の者まで集めてこの問題を議論すべきである、との提案を行っている。草莽とは官に仕えず在野にいる人を指す言葉だが、国内の意見を集約して、その是非を問うことが必要と説いた。

朝廷が公論を充分に踏まえて攘夷の方針を撤回しなければならないと春嶽は考えていたが、事態は悪化の一途を辿る。長州藩の攘夷実行を受け、欧米の報復攻撃は時間の問題となっていたのだ。

同十七日に逼塞が解かれて春嶽が自由の身となったことも、福井藩が藩を挙げて攘夷の国是の撤回に取り組む決意を固める追い風となった。すでに攘夷強行には反対という方針で隣藩の加賀藩前田家や若狭小浜藩酒井家との連携を模索する動きが起きていたが、二十六日には藩を挙げて京都に押し出す方針が決まる。挙藩上京計画の浮上である。

家老松平主馬（先に解任した主馬の子）、同本多飛驒《ほんだひだ》、寺社町奉行長谷部甚平《はせべじんぺい》、奉行三岡八郎らが主導し、春嶽や藩主茂昭も承認した計画だったが、実際のところは藩内の強硬派に春嶽が引きずられた形であり、背後には小楠がいた。強硬派には、尊攘派のため京都を退去せざるを得なかった福井藩の無念を晴らしたい気持ちがあっただろう。国政に関与したい福井藩の悲願も秘められていたかもしれない。

福井藩としては幕府が攘夷実行を朝廷に約束したことを重く受け止めていた。そのため、各国公使を京都に呼び寄せた上で朝廷や幕府の要人列席のもと談判し、攘夷か開国を決めるとのスタンスを取ったが、開国論への転換を念頭に置いていたのは言うまでもない。
政令二途の現状を憂い、朝廷のもとで賢明な藩主が国政に関与し、さらに藩士も登用すべきであるという政治構想も浮上していた。幕府の存在を否定するものにほかならない。
だが、攘夷の方針撤回を狙った会議を開こうとすれば、尊攘派がその前に立ち塞がることは火を見るよりも明らかだった。尊攘派の抵抗を軍事力で抑え込むため、春嶽や藩主茂昭による藩を挙げての率兵上京を計画したのだ。これには、他藩に比べると京都に近いという地の利もあった。

藩内の強硬派は攘夷を無謀と考えて開国論を取る薩摩藩や熊本藩との連携も企図した。両藩に使者を送って共同出兵の可能性を探ったが、特に薩摩藩の反応は良かった。斉彬以来、両藩の関係は良好であり、薩摩藩を率いる久光は慶喜・春嶽政権産みの親でもあった。熊本藩も春嶽の正室の実家である上に、挙藩上京計画を支持する小楠の出身藩であったことから連携を期待したのだ。

こうした福井藩の動きは、当然ながら尊攘派を強く刺激した。このとき、四千余の人数で京都に向かうと噂されたため、福井藩の入京時に宿所となる予定の高台寺が焼き払われた。そのため、春嶽・茂昭が率兵上京すれば武力衝突は必至の情勢だった。

尊攘派の志士は開国論で歩調を合わせる福井藩・薩摩藩の連合や、京都を制圧することへの危機感も強めた。その場合、西国の諸藩の多くが両藩側につくことを恐れたためである。

しかし、実際に薩摩藩がパートナーとして選んだのは会津藩だった。福井藩が挙藩上京計画を中止してしまったからである。

上京中止と藩士の処分

挙藩上京に向けて福井藩は準備を進めていたが、藩内が諸手を挙げて賛同したわけではなかった。危険な計画として反対する藩士もいたのだ。

強行すれば尊攘派との軍事衝突を免れないこともさることながら、幕府の存在を無視する政治構想が浮上していたことも理由だった。徳川家第一の親藩たる福井藩が徳川宗家率いる幕府に仇なすようなことはできない。あくまでも幕府を押し立てた上で朝廷に忠誠を尽くすべきなのである。上京反対を唱えた藩士の筆頭格は春嶽の側近中根雪江だが、春嶽の意を受けてのものだろう。

文久三年七月には、藩主茂昭が江戸参勤することが決まっていた。江戸参勤は大名が幕府に対して果たすべき重大な公務であり、それを果たさずに藩士を率いて京都に向かうのは如何なものかという理由においても、中根は上京に反対した。

参勤の拒否は幕府への叛逆行為と解釈されても仕方ないのが当時の常識であり、その場合、改易も現実味を帯びてくる。かつて、松平忠直が国元を出立しながら江戸参勤しなかったことで幕府との関係が悪化し、ついには改易に至った歴史が甦ってきたのかもしれない。

しかし、藩内は挙藩上京を唱える強硬派の藩士の勢いが強く、中根の主張は退けられてしまった。六月十四日に中根は蟄居を命じられるが、京都に情勢探索のため派遣していた藩士村田氏寿が七月六日に帰国すると、再び藩内の風向きが変わった。

村田は挙藩上京派の藩士だったが、朝廷を取り仕切る前関白近衛忠煕に接触した感触から、それが受け入れられる環境ではないと判断していた。近衛らは尊攘派の公家の背後にいる過激な志士たちの動向を懸念し、福井藩に自重を強く促したからである。

尊攘派の公家や志士たちが朝廷や京都を席巻する現状では、福井藩が春嶽らを奉じて上京しても、頼みの朝廷の協力が望めない以上、孤立無援となる危険性が高い。朝廷を牛耳る尊攘派によって朝敵の烙印を押される可能性もあり、危険な賭けと言わざるを得なかった。

なおも、挙藩上京派は参勤延期を幕府に願い出ることで茂昭上京のときを窺ったが、二十三日に至って、時期尚早論を取った春嶽は上京中止の断を下した。ときを移さず、春嶽は挙藩上京派の主だった藩士の処分を下す。家老の本多飛驒らが免職となり、三岡八郎などには蟄居さらに隠居の処分が下った。

藩主茂昭は幕府の要請に基づいて江戸へ向かうことが決まり、急転直下、挙藩上京計画は幻となる。上京計画を支持していた小楠も藩政から退けられ、熊本に戻った。

文久三年八月十八日の政変と長州藩の京都追放

福井藩が挙藩上京計画を断念した頃、朝廷を牛耳る三条らは久留米水天宮の神官真木和泉《まきいずみ》の提案をもとに天皇による攘夷親征計画を立て、朝廷の会議（朝議）で通していた。真木は尊攘派からは「今楠公《こんなんこう》」と呼ばれ、軍師的存在として崇められた人物である。足利尊氏《あしかがたかうじ》に対して孤軍奮闘した楠木正成《くすのきまさしげ》の再来と噂されたが、当時で言えば将軍（幕府）が尊氏にあたるだろう。

八月十三日、天皇の詔が下る。攘夷祈願のため大和に行幸し、神武天皇陵や春日大社などを参拝。その後、現地で攘夷親征の軍議を開いて伊勢神宮に行幸する。倒幕の狙いも秘めた計画と噂されたが、この攘夷親征のための大和行幸は天皇が望んだものではなかった。三条らが主導して朝廷の会議を通過させた計画であり、過激な尊攘派ではない公家たちの間では批判が強かった。

諸藩の間でも、幕府の否定を意味する天皇の攘夷親征には反対論が多かった。名前のとおり、攘夷を職掌とする征夷大将軍への不信任の表明にほかならないからだ。

長州藩が攘夷実行の名のもとアメリカ船などに砲撃を加えたことにも、諸藩は危機感を抱いた。長州藩をこのまま放置すると、欧米列強との戦争が現実味を帯びかねない。長州藩にとどまらず、日本全体が戦争に巻き込まれてしまうだろう。

その結果、長州藩や三条らから政局の主導権を奪い返そうとする動きが諸藩の間で急速に沸き上がる。そうした空気を読み、長州藩が朝廷を牛耳って政局の主導権を握ったことを苦々しく思っていた薩摩藩が、京都守護の任に充たる会津藩と連携して巻き返しをはかった。薩摩藩は福井藩から共同出兵を打診されたときには積極的な姿勢を示しており、そのときから巻き返しのチャンスを窺っていたことは明らかである。

攘夷親征の詔が下されたのと同じ十三日、薩摩藩士高崎左太郎《たかさきさたろう》が会津藩士秋月悌次郎《あきづきていじろう》のもとを訪ねる。大和行幸阻止に協力してくれるよう打診するためであった。

当時在京中の薩摩藩兵は百五十人ほどに過ぎなかった。かたや、長州藩の在京兵力は約二千六百人。長州藩側では三万人と号した。この武力を恐れ、朝廷は攘夷親征といった三条らの主張を呑んできた。福井藩が挙藩上京を断念した理由にもなったはずだ。

一方、京都守護職を務める会津藩の在京兵力は約九百人。長州藩以外の諸藩では最大の兵力だ。会津藩を引き込まない限り、長州藩を追い落とすためのクーデターの決行は不可能となるため、薩摩藩は会津藩に協力を求めたのである。

会津藩も他藩が長州藩の突出した政治行動に批判的であることを読み取っており、クーデターの決行に賛同する。ちょうど、京都詰め藩士の交代時期にあたり、帰国の途に就いたばかりだったが、急ぎ京都に呼び戻している。これで会津藩の在京兵力は千八百人ほどになる。

薩摩藩・会津藩の目的は、朝廷を牛耳る三条らを失脚させることだった。御所への参内の停止、すなわち朝廷からの追放である。後ろ楯の長州藩から御所警備の任務を解くことも両藩の目的であり、長州藩も朝廷から追放するのだ。まさしくクーデターであった。

御所には九つの門（禁門と称される）があり、会津藩や長州藩などの諸藩が警備の任に充たっていた。長州藩は堺町御門の警備を担当しており、その任を解こうと目論んだ。

しかし、それには確固たる天皇の意思が必要だった。そこで天皇を支え、薩摩藩・会津藩とのパイプ役となったのが伏見宮家出身の中川宮朝彦親王《なかがわのみやあさひこしんのう》である。三条らや後ろ楯の長州藩に引きずり回される朝廷の現状に危機感を持っていた天皇は、信頼する中川宮の説得に応じる形でクーデターの決行を認めた。

八月十八日午前一時、中川宮、クーデター派の公卿、京都守護職松平容保、京都所司代の淀藩主稲葉正邦《いなばまさくに》が参内した。そして、会津藩・淀藩兵（約五百人）に加えて薩摩藩兵を御所の各門の警備につかせた上で、朝廷が三条らの参内差し止めを達する。その後開催された朝議で、長州藩の堺町御門警備の任を解くことが決まり、京都からの退去を命じた。

尊攘派の公家や志士たちと、その背後にいる長州藩を出し抜く形でのクーデターであった。朝廷を牛耳られている側の薩摩藩としては、この方法でしか局面の打開は無理だったのである。

その点、福井藩の挙藩上京計画は正攻法過ぎた。薩摩藩は福井藩との連携が不発に終わったことを教訓として、抜き打ちのクーデター方式で御所から尊攘派公家や長州藩を締め出す手法を取ったと言えるだろう。

長州藩は激しく反発するが、不意を突かれる形で御所から締め出され、天皇を奪われてしまった。突出した政治行動ゆえ諸藩の間でも孤立しており、結局のところは政治的敗北を認めざるを得なかった。翌十九日、長州藩は三条ら七人の公卿を擁して帰国の途に就き、再起を期すことになる。

このクーデターは薩摩藩から提起されたものだが、長州藩に次ぐ在京兵力を持つ会津藩が前面に出た形でクーデターは決行され、成功した。大和行幸（攘夷親征）も中止された。薩摩藩は会津藩の軍事力を利用する形で、ライバルの長州藩を追い落とすことに成功したのである。

「薩越同盟」ではなく「薩会同盟」で長州藩を京都から追い出すことに成功した久光であったが、斉彬以来の盟友である春嶽・福井藩の力も必要だった。このあと、春嶽は三たび政局の舞台に復帰するが、今度は慶喜との関係に隙間風が吹き、別々の道を歩みはじめる。

第四章　薩摩藩との提携路線を強める

――「薩越同盟」の可能性

一　慶喜に振り回される

春嶽の再上京

文久三年（一八六三）八月十八日の政変で三条実美ら尊攘派の公家と長州藩が京都から追放されたあと、代わって登場したのは、過激な攘夷論の高まりに失望して京都を去っていた諸侯たちだった。十月三日には、今回の政変の謀主とも言うべき島津久光が上京する。長州藩により雌伏のときを余儀なくされた久光率いる薩摩藩の再登場である。

この年の七月二日、薩摩藩は鹿児島湾に来航した七隻のイギリス軍艦と激しい砲撃戦を交わした。幕府はイギリスの要求に屈して賠償金を支払ったが、当事者の薩摩藩との交渉は難航し、戦争となった。薩英戦争である。

この戦争をきっかけに昨日の敵は今日の友ではないが、双方は急接近する。和平交渉が成立すると、欧米列強の軍事力に太刀打ちできない現実を身をもって味わった薩摩藩はイギリスのバックアップにより、軍事力の強化に邁進していった。

イギリスとの和平交渉の成立は、久光が政局の舞台に復帰する追い風ともなった。それまではイギリスとの戦いに備えるため、国元を長期にわたって離れることができなかった。腰を落ち着けて京都に滞在できないうらみがあったが、長州藩の追放に成功したことで悲願の幕政進出に再び挑んだ。

春嶽率いる福井藩は激変する政情を福井から展望し、政変後も動かなかった。しかし、春嶽とともに朝廷のもとで国政をリードすることを望む久光は、その上京を強く望んだ。開国論を唱える春嶽の復帰を望む者は幕府内にもいて、勝海舟などは速やかな上京を熱望する書面を春嶽に送っている。

しかし、春嶽の立場からすると朝廷に対しての遠慮があった。朝廷から政事総裁職の辞職が認められないうちに帰国を強行し、幕府から逼塞の処分を受けたからである。すでに逼塞の処分は解かれていたものの、躊躇せざるを得なかったのだろう。

十月六日、朝廷はそんな春嶽の立場を慮った形で、上京を命じる指令を下す。これを受けて春嶽も上京を決意し、同十八日に約半年ぶりに京都に入った。

参預会議への期待

春嶽にとり、今回の上京の主目的は、朝廷を説得して攘夷の国是を撤回させ、開国論に転じさせることである。その点、久光とまったく同じ立場だった。

十一月二十六日には、慶喜も江戸から上京してくる。春嶽と志を同じくする山内容堂や伊達宗城も上京した。やがて、将軍家茂も再び上洛してくる。

こうして、長州藩退場後の政局をめぐる主導権争いがはじまるが、幕政から排除されてきた久光ら有力外様大名は、京都の朝廷のもとで国政を担うことを望んだ。江戸では従来幕政を担当してきた譜代大名や幕臣団の抵抗に遭うからである。薩摩藩が幕政に送り込んだ慶喜も春嶽も幕閣からその存在を煙たがられ、政治力を充分に発揮できなかった。慶喜や春嶽を薩摩藩の代弁者として送り込んだ意図も果たせなかったのが実情だった。

朝議に参加できるのは関白など一部の上級公家のみだが、久光は風穴を開けようと考える。自分たち有力諸侯が国是を評議する朝議に参加できるよう朝廷工作を展開するとともに、春嶽らに賛同を求めた。

外様大名の容堂や宗城はともかく、親藩大名の春嶽としては、幕府のもとで外様大名を含めた諸侯が国是について協議し、その結果を幕府が朝廷に申し立てるスタイルが望ましかった。幕府の存在を無視する形で大名が朝廷に意見を申し立てるのは好ましくない。

とはいえ、長州藩を失脚させて政局の転換に成功した久光の主張は、春嶽としても尊重せざるを得なかった。こうして、久光主導のもと有力諸侯が朝議に参預する形で国政に進出する運びとなったが、幕府が不快感を持ったのは言うまでもない。従来、武家を代表して朝廷に意見を述べられるのは大政を委任された幕府だけのはずだったからだ。

十二月晦日《みそか》、慶喜・春嶽・容保・容堂・宗城の五名が朝議への参預を命じられる。薩摩藩主ではないため無位無官だった久光が参預を命じられたのは、翌元治《げんじ》元年（一八六四）一月十四日のことである。無位無官では御所にも参内できなかったが、この日従四位下左《さ》近衛権少将《こんえごんのしょうしょう》に叙任されたことで、久光は御所に参内できるようになる。同時に朝議への参預を命じられ、いわゆる参預会議という新たな政治システムが誕生する。

春嶽ら六名は朝廷に意見を述べられるだけでなかった。薩摩藩の代弁者となっていた中川宮（尹宮《いんのみや》）が将軍に勧告したことで、二条城の御用部屋に入ることも幕府から認められるようになる。

御用部屋とは老中や若年寄が政務を執る部屋のことである。江戸から京都に政局の舞台が移ったため、老中も在京するようになり二条城に詰めた。そのため、二条城にも御用部屋が設けられた。久光が朝議への参預を命じられた翌日にあたる一月十五日には家茂も再び上洛する。

御用部屋への出入りを認めたということは、幕政への参加を認めたことを意味する。ここに、親藩大名・外様大名を排除してきた幕政の原則は崩れた。

久光らは朝議に参預することで、譜代大名が独占する幕政にも参加できるようになったが、このあと、その足並みは次第に乱れていく。慶喜と久光の関係が悪化したことが大きな原因であった。

春嶽、久光らの帰国

当時、朝廷や幕府が早急に解決しなければならない問題があった。長州藩及び七卿処分問題と横浜閉鎖（鎖港）問題の二つである。

長州藩及び七卿処分問題については、長州藩の分家当主、同藩家老を一人ずつ大坂に呼び出して攘夷親征計画を立案した理由を尋問する。また、長州藩に保護されていた三条ら七卿を引き渡すよう命じ、その命に応じなければ同藩は征討するという線でまとまった。

しかし、もう一つの横浜鎖港で慶喜と久光らは対立する。横浜鎖港とは破約攘夷の方針に則り、通商条約に基づいて開港した横浜港を閉鎖することである。天皇から強く求められていた案件だった。

三条や長州藩が失脚して京都から去ったとはいえ、破約攘夷の方針自体が否定されたわけではなかった。天皇による攘夷親征を強行しようとした三条らの強硬姿勢が天皇に忌避されたに過ぎない。要するに、和宮降嫁の交換条件として幕府が提示した破約攘夷の方針は生きていたのだ。横浜鎖港を迫られた幕府は対応に苦慮する。

しかし、特に薩英戦争を経験した久光を筆頭に、朝議に参預した諸侯の間では破約攘夷は現実的ではないというのが共通認識だった。もちろん、春嶽もその意見である。

尹宮を通じて朝廷に太いパイプを持つ久光は天皇に対し、武備を充実させたあとに攘夷に及ぶよう進言した。攘夷の先送りを意味するものだったが、天皇は久光の進言をそのまま引用する形で、参内した家茂にその旨の宸翰《しんかん》を下した。

宸翰とは天皇の直筆の書状のことである。このまま事態が進行すれば久光の狙い通り、横浜鎖港の方針が撤回され、国是が攘夷から開国へと事実上転換するはずだった。

しかし、それまで破約攘夷を幕府に強く求めてきた天皇が俄《にわか》に攘夷の先送りを許容する姿勢を示したことに、慶喜は不信感を抱く。そして久光の進言が急変の動機である事実を知ると、薩摩藩の朝廷工作に強い不快感を抱いた。

このままでは、薩摩藩に朝廷を牛耳られてしまう恐れがあると懸念した慶喜は久光に対抗するように、横浜鎖港の実行を強く主張する。要するに破約攘夷の堅持だが、その方針はもともと天皇が強く望むところだった。

その信任を得ようと、開国論だった慶喜は敢えて実現不可能な横浜鎖港を主張したわけだが、これにより特に久光との関係が悪化する。朝廷への提案をつぶすことで、朝議への参預という形で国政に進出しようという意欲を失わせようと目論んだのだ。

その後、事態は慶喜の思惑どおりに進み、攘夷の先送りを却下された久光や春嶽らは失望して朝議への参預を辞退し、参預会議は解体した。久光は慶喜との政治的駆け引きに敗北し、国是を攘夷から開国に転換させることに失敗する。それまでの慶喜への期待が反感に変わる大きな節目ともなった。

久光らが幕政や朝議に参加してきたことに、慶喜は強い危惧の念を持っていた。慶喜も徳川家の一門である以上、外様大名が幕政に参加することは本来好むところではなかったはずだ。その点、幕閣と利害を同じくしたのである。

慶喜の背信行為を受けて、幕政や朝議への参加の道をみずから閉ざした久光は、以後幕府や朝廷から距離を置き、実子の藩主茂久を補佐する形で薩摩藩政に力を入れた。慶喜を介して国政への進出を目指した薩摩藩の政治方針は変更され、春嶽も大いに失望する。

容保が長州藩征討に備えて陸軍総裁に転じたため、二月十五日に後任の京都守護職に補せられたが、三月二十一日に春嶽は辞職願を提出してしまう。今回は幕府の辞職許可を得た上で帰国の途に就くが、在任期間は二ヵ月にも満たなかった。

破約攘夷の堅持を主張することで天皇の信任を勝ち取り、政局の主導権争いに勝利した慶喜は、三月二十五日に将軍後見職を辞職する。そして、朝廷からは禁裏《きんり》御《ご》守衛総督《しゅえいそうとく》・摂《せっ》

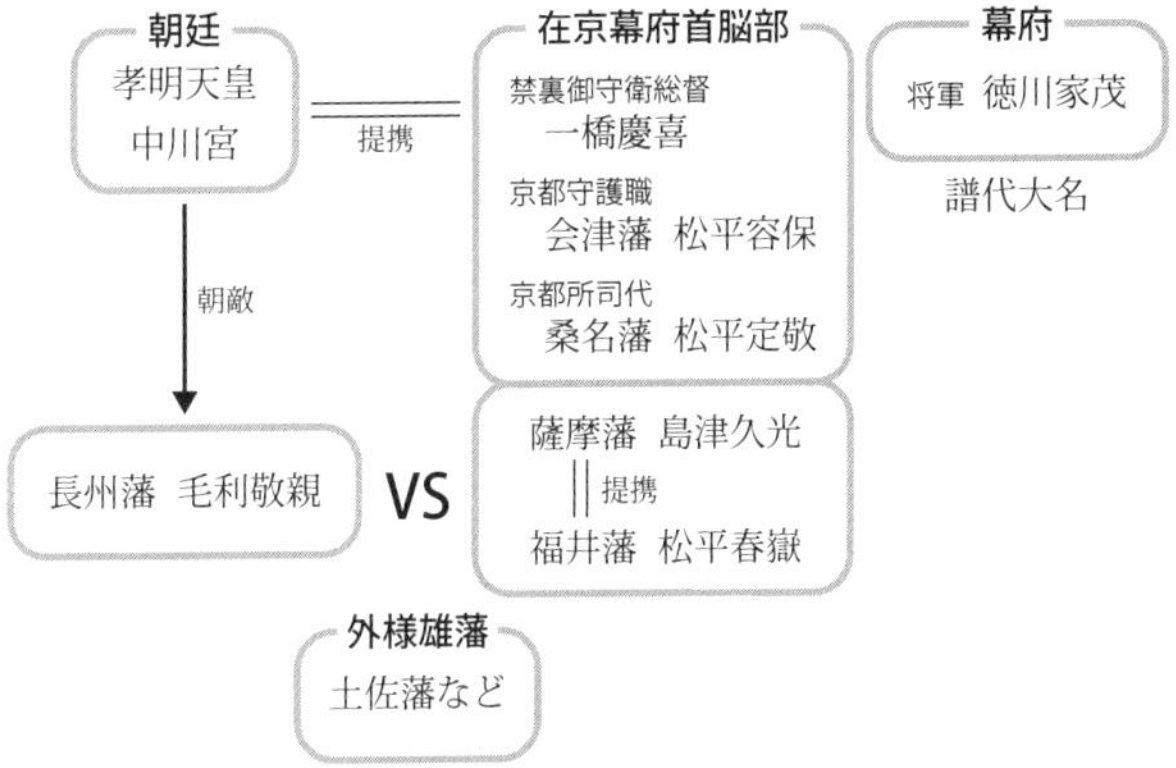

図9　幕末の勢力図（禁門の変～第1次長州征伐）

海防御指揮《かいぼうぎょしき》に任命された。禁裏御守衛総督とは御所警備の最高責任者であり、慶喜に対する信任はここに極まる。摂海防御指揮は京都にも近い大坂湾の海防責任者のことであった。

以後、慶喜は御所警備の最高責任者として朝廷内で政治力を発揮する。その後ろ楯となったのが、京都守護職に復職した松平容保と、容保の弟で京都所司代を務める松平定敬《さだたか》が持つ軍事力であった。慶喜・容保・定敬の三名は「一会《いちかい》桑《そう》」と総称されたが、「一」は一橋慶喜。「会」は会津藩主でもある容保。「桑」は桑名藩主でもある松平定敬のことであった（図9）。

禁門の変に参戦する

久光と同じく慶喜の豹変に失望した春嶽だが、慶喜そして幕府に対するスタンスは親藩大名であるがゆえに、外様大名の久光と同じではなかった。薩摩藩は慶喜への不信感をきっかけに、幕府と距離を置く政治姿勢を明確にするが、春嶽はそういうわけにはいかない。

この頃、春嶽は藩主茂昭と協議し、福井藩が取るべき方針を定めたが、そこでは「徳川家第一之親藩」として幕府をないがしろにすることはできないと明記されていた（『奉答《ほうとう》紀事《きじ》』）。

そうした福井藩の立場が春嶽の政治行動を縛り続ける。幕府そして慶喜の動向を不安視しながらも、春嶽はしばらくの間、福井で政局の動向を見守ることになる。

慶喜と久光ら諸侯の間で政局の主導権争いが繰り広げられていた頃、長州藩は復権のときを虎視眈々と狙っていた。朝廷への嘆願書を携えた家老井原主計《いはらかずえ》をして入京を嘆願させる一方、多くの藩士たちを京都に潜入させた。彼らは公家や諸藩の京都藩邸に出入りして復権工作を展開したが、これには長州藩を支持する他藩の藩士たちも加わっていた。

そして、藩主毛利慶親《もうりよしちか》の世子定広《さだひろ》が三条らを擁して上京してくるという風評が広まる。その目的は、先の政変の立役者で孝明天皇の信任も厚い尹宮、長州藩復権に反対する会津藩などの反対派を排除することだった。

藩主松平容保が京都守護職を務める会津藩の配下として、京都の治安維持にあたった新撰組はこうした情勢を危惧し、復権工作を展開する長州藩士たちの捕縛に踏み切る。元治元年（一八六四）六月五日夜に起きた池田屋事件である。捕縛後に斬首された者も含めると、長州藩士を含めて池田屋事件で落命した尊攘派志士の数は三十人近くにも及んだ。

長州藩は池田屋事件が起きる直前の六月四日に京都出兵を決定していたが、事件の報が入ると、藩内は憤激する藩士たちであふれた。早くも同月二十一日、家老福原越後《ふくはらえちご》が率いる先発隊が大坂に到着し、二十四日には京都と目と鼻の先の伏見に入った。長州藩は武力で威圧をかけながら、朝廷から入京の許可を得ようと目論んだ。

同日、長州藩士久坂玄瑞《くさかげんずい》ら率いる藩兵が天王山に陣を構えた。かつて、羽柴秀吉と明智光秀が雌雄を決した山崎の戦いが行われた場所である。二十七日には、同藩士来島又兵衛《きじままたべえ》率いる藩兵が嵯峨の天竜寺に入った。京都の町までもうすぐの所にまで長州藩は兵を進めた。

ここに至り、政変の立役者だった薩摩藩は守護職を務める会津藩などとともに京都御所の警備につく。同じく二十七日、天皇は長州藩の入京を認めない姿勢を明確にしたが、その後も双方睨み合いの状態が続いた。

七月十八日夜、天皇は禁裏御守衛総督の慶喜に対して長州藩討伐の勅命を下す。慶喜は各藩を部署につかせたが、すでに長州藩は京都に向かいつつあった。

翌十九日、京都市中に乱入した長州藩が御所の各門に迫るなか、会津藩が守る蛤御門は大激戦となった。会津藩は苦戦に陥るが、乾御門を守る薩摩藩が駆けつけたことで形勢は逆転し、長州藩は敗走していった。久坂玄瑞隊は前関白鷹司輔熙《すけひろ》邸に籠って最後の抵抗を試みるが、久坂自身は重傷を負い自害して果てた。

敗れた長州藩兵は山崎の天王山に向けて落ちていき、二十一日に会津藩や新撰組に包囲されて敗走した。蛤御門の変の名称で知られる禁門の変は幕府方の勝利に終わった。堺町御門で警備にあたった福井藩も長州藩と激闘し、死傷者を出している。

二十三日、御所に発砲した廉《かど》により長州藩追討の勅命が下った。長州藩は朝敵となり、薩摩藩や福井藩など諸藩から構成される征長軍が組織された。第一次長州征伐がはじまるが、最初に総督に擬せられたのは春嶽だった。

しかし、春嶽が固辞したことで、幕府は尾張前々藩主の徳川慶勝《よしかつ》(前名慶恕)を総督に任命する。慶勝は総督府が置かれることになる広島に向かい、副総督に任命された茂昭は藩士を率いて九州小倉に向かい、征長軍の指揮を執ることになる。

参勤交代制復活ならず

長州藩が禁門の変で朝敵に転落したことを機に、幕府は一気に巻き返しをはかる。幕府権威の回復のため、参勤交代制の復活を打ち出した。

文久二年に参勤交代制を緩和したことが幕府権威の失墜を招いたという反省のもと、これ以上の諸大名の自立化を阻むべく同制度の復活を打ち出した。かつて、この参勤交代制の緩和を主導した人物こそ政事総裁職だった松平春嶽であった。

禁門の変から約一ヵ月後の元治元年九月一日、幕府は諸大名に対し、毎年の江戸参勤と妻子の江戸居住を命じた。大名が江戸と国元で一年ずつ生活するという、文久二年以前の段階に時計の針を戻したのである。

しかし、禁門の変で勝利したからといって、幕府の権威が復活したわけではなかった。そもそも長州藩との戦闘で奮戦したのは薩摩藩や会津藩であって、幕府ではない。諸藩の力を借りることで勝利を得たに過ぎない以上、幕府の命に簡単に従うはずもなかった。

国事多難な折がら、諸大名の出費は嵩んで財政難はさらに深刻化していた。そこへ参勤交代制の復活に伴う莫大な出費を課されては、財政破綻は火をみるよりも明らかだ。藩滅亡も現実味を帯びてくる。

征長軍総督の徳川慶勝は参勤交代制の復活に反対する旨の上書を幕府に提出する。徳川家内部から反対の声があがった形だが、春嶽も同じ思いだったことは言うまでもない。

慶勝としては、参勤交代制の復活が長州藩征討に支障を来すことを懸念したはずだ。参勤に伴う莫大な出費が征長軍への参加に二の足を踏ませるに違いない。

参勤交代制の復活に不満だったのは、慶勝の治める尾張藩だけではなかった。とりわけ、征長軍への参加を命じられた西国諸大名の不満は大きく、病気などと様々な理由を並べ立て、江戸参勤をサボタージュする大名が続出した。国元に戻った妻子も江戸に出府させなかった。

参勤交代制の復活は諸大名の抵抗に遭って頓挫した。諸大名に強制するだけの力が幕府には残されていないことが白日のもとに晒されたのである。

二 薩摩藩との蜜月

薩摩藩主導による征長軍解兵

禁門の変での敗北により征長軍を迎え撃つことになった長州藩だが、敵は日本国内だけではなかった。八月五日、英仏米蘭の四ヵ国連合艦隊が来襲し、下関を砲撃したのだ。

長州藩に攘夷の実行を断念させるための攻撃で、その圧倒的な軍事力の前に長州藩はなす術がなく、四ヵ国に講和を申し入れる。そして、下関海峡の通航自由、下関砲台の撤去、賠償金三百万ドル支払いなどの要求を受諾した。下関協約の締結である。こうした状況では、征長軍を迎え撃つ余力など残ってはいなかった。

征長軍参謀の薩摩藩士西郷隆盛はそんな長州藩の窮状に目をつけ、征長の即時断行を強く主張するが、ある日を境に自分の主張を引っ込めた。

九月十一日、西郷は薩摩藩士吉井友実、福井藩士青山小三郎らとともに、幕府の軍艦奉行勝海舟のもとを訪れ、大坂湾に外国船が迫ったときの対応を尋ねた。勝は大坂湾の海防担当者でもあった。

四ヵ国連合艦隊が下関を砲撃して砲台を無力化したことは、幕府や朝廷そして諸藩にも大きな衝撃を与えた。外国艦隊が大坂湾に来航して砲撃を加えれば、大坂はもちろん、天皇のいる京都の防備も危うい。そのため、幕府の対処策を探ろうとしたのだ。

勝はこのとき西郷とは初対面だったが、意外な言葉を発した。

賢明な諸侯四～五名が連合し、外国船を撃破できるぐらいの軍事力をもって談判すべきである。

幕府にはもはや当事者能力がないとして、雄藩連合の力をもって対処すべきという私見を開陳したのだ。すなわち、今は挙国一致で外圧に対抗しなければならないときであり、内戦（長州征伐）などしている場合ではない。雄藩とは薩摩藩や福井藩など、幕政に参画することが許されない有力諸藩のことで、多くは外様大名だった。

先に久光ら有力諸侯（雄藩）は朝議に参預する形で、国政や幕政への進出を目指した。雄藩連合の力をもって政局の主導権を握ろうとしたものの、慶喜や幕府の抵抗に遭って挫折した。そのため、幕府内部に雄藩連合を支持する勝のような高官がいることを知って、西郷は驚きを禁じ得なかった。

以後、西郷は征長の即時断行から長州藩をもって長州藩を征する方針へと転換する。毛利家一門で岩国藩主の吉川経幹《きっかわつねもと》を通して、長州藩を帰順させようと目論んだ。帰順に成功すれば、内戦に乗じて外国が侵略してくる事態も防げるはずである。

実はその裏には、征長軍が抱える深刻な内部事情があった。動員した諸藩が戦闘を回避しようと考え、楽な攻め口への割り当てを執拗に申し立てていた。つまり、征長軍参加の諸藩の側に立てば、出兵だけでも大きな負担であるのに、開戦となれば軍費の負担はさらに増すことになる。それでは藩財政が破綻してしまうのではないか、と考えたのだ。

当時、長州藩でも徹底抗戦を叫ぶ藩士と、帰順を望む藩士に二分されて内輪もめしている状況にあり、西郷は総督の慶勝に次のとおり申し出る。

　藩内一丸となって征長軍を迎え撃てずに内部分裂しているのは天の助けであるから、
　自分が出向いて帰順させるよう奔走したい。

戦わずして長州藩を屈服させることができれば、征長軍参加諸藩にしても、これ以上の財政負担を被らなくて済むという読みもあった。

　慶勝は西郷の申し出を是とし、対応を一任する。広島に赴いた西郷は吉川経幹に対し、禁門の変の責任者として国司信濃《くにししなの》ら三人の家老の首級を差し出し、朝廷に謝罪するよう求めた。

　その頃、帰順を望む藩士たちが藩政の主導権を握っていた長州藩は三家老のみならず、四人の参謀の首級も差し出した。これにより総攻撃は延期されるが、西郷は総攻撃の中止つまり征長軍の解兵には、萩城から政庁が移された山口城の破却、藩主父子の自筆の謝罪状、長州藩に保護された三条実美らの引き渡しが必要であるとした。

　十二月十一日、西郷は敵地下関に赴いて直談判を試み、これらの条件を呑ませることに成功する。これを受け、総督の慶勝は征長軍の撤兵を命じた。同月二十七日のことである。

　ここに第一次長州征伐は終結し、征長軍は解兵された。小倉まで出陣した福井藩も帰国の途に就くが、薩摩藩つまり西郷が主導した対応に、幕府は大いに不満だった。あまりに寛大だというわけだ。

第二次長州征伐つまり長州再征のときは刻々と近づいていた。

長州再征に反対する薩摩藩と福井藩

西郷の奔走により征長軍は不戦のまま解兵したが、長州藩にいかなる処分を下すのかが次の課題となった。戦争は終わったが、戦後処理はまた別の話である。

西郷は総督慶勝の承諾も得て、長州藩主毛利敬親《たかちか》（前名慶親）・広封《ひろあつ》（前名定広）父子の落飾退隠《らくしょくたいいん》、十万石の減封などを提案した。落飾とは出家のことだが、幕府はこの処分案では軽すぎると反発する。幕府は毛利父子や長州藩に保護されていた三条実美らの江戸送還も求めた。長州藩が二度と幕府に刃向かわないことを狙ったのだ。

慶応元年（一八六五）三月二十九日には、この幕命に長州藩が従わなければ、将軍家茂が江戸を進発する旨を諸藩に通達する。第二次長州征伐（長州再征）の予告である。幕府は断固たる姿勢をみせさえすれば長州藩も屈服するだろうと楽観視していたが、すでに長州藩では藩論が転換しており、目論見どおりにはいかなかった。

対幕府強硬派の高杉晋作が内戦の末、藩政の主導権を奪取していたからだ。そのため、藩主父子の江戸送還の求めなど応じるはずもなく、幕府は危機感を強めることになる。

四月十九日に長州再征と将軍進発が幕府から布告され、五月十六日に家茂は江戸城を進発した。閏五月二十五日には大坂城へ入り、長州征伐の本拠地と定める。再び征長軍が組織された。

長州再征の動きに西郷は不満を募らせる。元はと言えば、不戦のまま征長軍を解兵させた西郷の処置への不満がその動機になっていたからである。西郷は幕府と距離を置く一方、長州藩との提携の道を探りはじめる。長州藩は薩摩藩の協力を得ることで武備を充実させていくが、来るべきときに備えて武備の充実に努めたのは薩摩藩も同じだった。

長州再征に反対したのは薩摩藩だけではない。春嶽も反対だった。毛利父子の江戸召喚を強行して長州藩と戦争になっても、諸藩は幕府と長州藩の私闘とみなして征長軍に参加しないだろう。幕府による私怨とみなされるのではないか、と考えたのだ。

そんな大義名分のない長州再征が実行されれば天下の動乱を引き起こすとして、春嶽は慶喜にその旨の書面を送って諫止した。福井藩としても、藩主茂昭の名で徳川家の興廃にも関わるとして再征に反対する建議書を提出している。

こうした春嶽や福井藩の動きは慶喜や幕府に、福井藩は薩摩藩と結託して幕府の方針に異を唱えているのではないか、親藩大名でありながら、外様大名と結んで幕府に仇なす動きをしているのではないかと、疑念を抱かせることになった。

それまでの福井藩と薩摩藩、つまりは春嶽と島津斉彬・久光との関係を踏まえれば、そう疑われても無理からぬことであった。この時期、薩摩藩士の大久保利通がわざわざ福井まで赴いて春嶽に拝謁したことも、両藩が結託しているとの風評に真実味を増した。

徳川家第一の親藩として幕府を立てていくことを藩の方針とする春嶽としては、慶喜や幕府から嫌疑を受けるのは何としても避けなければならない。そのため、幕府と薩摩藩の間を調停し、互いに疑心暗鬼にならないよう橋渡し役を務めた。

一方、幕府は春嶽を通して久光の真意を探ろうとしている。春嶽、薩摩藩、幕府（慶喜）の間で虚々実々の駆け引きが展開されたが、再征反対で歩調を合わせる福井藩の言い分は薩摩藩を弁護するとしか慶喜や幕府には思えず、その疑念を払拭することは難しかった。

薩摩藩や福井藩が反対論を唱えたにも拘らず、慶喜は朝議で長州再征の勅許を勝ち取る。前回と同じく、勅命により朝敵長州藩を討つ構図を作り上げることに成功した。九月二十一日のことである。薩摩藩は大久保が奔走して勅許が下りないよう朝廷工作したものの、慶喜の前に敗北を喫した。天皇の命とあれば諸藩は再び征長軍に参加しなければならないという目論見が幕府にはあったが、薩摩藩にその気はなかった。

十月五日には、慶喜は前言を翻して通商条約の勅許を朝議で得ることにも成功する。英仏米蘭の四ヵ国連合艦隊が兵庫沖に姿を現し、条約の勅許などを幕府に強く求めてきたため、前年の長州藩の二の舞となることを恐れた慶喜は急転直下、勅許を奏請したのだ。薩摩藩も恐れた慶喜の政治手腕が存分に発揮された結果、この日破約攘夷を国是とする方針はようやく撤回された。

薩摩藩との交易を開始する

春嶽率いる福井藩は慶喜の将軍継嗣擁立運動以来、薩摩藩と政治行動をともにすることが多かった上に、連携するような形で長州再征に強く反対したことで、幕府から結託しているのではと疑念を浴びる。「薩越同盟」の動きを危険視されたのだ。

一方、薩摩藩との関係が悪化したのは文久三年八月十八日の政変で手を握った会津藩である。長州藩を不倶戴天の敵とした会津藩は再征に反対する薩摩藩に強く反発し、京都で一触即発の状態となる。再征反対とは長州藩に手を差し伸べることにほかならなかったからだ。そんな薩摩藩と会津藩の関係悪化を見兼ねた春嶽は幕府に対し、両藩の間を取り持つよう建言したほどである。

薩摩藩は会津藩との関係が悪化する一方だったが、福井藩との関係は引き続き良好であった。幕末史において、薩摩藩との関係が良好だった藩としては福井藩が真っ先に挙げられる。この頃は政治上のパートナーであるだけではなく、経済上のパートナーでもあった。福井藩では挙藩上京計画の中止とその後の藩内粛清により、制産方を拠点に三岡八郎らが主導した殖産興業の方針が頓挫する。三岡らが処分されただけでなく、制産方も解体された。制産方が担っていた役割は勘定所や製造方に移管された。

そして以前のように、福井藩は製造方を拠点として武器や弾薬の製造に力を入れはじめる。国内の動乱に備え、いっそうの軍備強化が要請された時局を踏まえての対応だが、それには財政力の強化が不可欠となる。

禁門の変での戦費に加え、征長軍副総督を命じられた藩主茂昭が小倉城に赴くことになったため、藩の出費が膨れ上がるのは必至だった。物資を運搬する人足なども含めると、小倉には総勢七千人が駐屯したため、それだけでも莫大な出費となったことは容易に想像できる。

そこで、福井藩は生糸などの専売を通じて莫大な出費に充てようとはかる。産物の集荷体制の強化は必至であったが、このとき主な販売先として想定されたのが薩摩藩だった。福井藩が薩摩藩から預けられた買い付け資金をもとに集荷した生糸や茶を、薩摩藩が長崎から輸出することになっていた。福井藩としては長崎貿易にみずから乗り出すことで生じるリスクが避けられ、薩摩藩にも集荷の手間が省けるメリットがあった。

その際、薩摩藩から十七万両もの巨額の資金が福井藩に渡っている。藩の年間収入をはるかに超える取引だったが、両藩の交易は春嶽が久光にアプローチしたことからはじまった。両藩トップ同士の良好な関係が、経済面の蜜月をもたらしたのである。

三　大政奉還を建言する

薩長盟約の成立

ここまでみてきたとおり、幕府が長州再征に向けて突き進んでいた頃、福井藩と薩摩藩は政治的にも経済的にも蜜月状態にあった。とりわけ長州再征問題では共同で幕府に異論を唱えたが、その裏で薩摩藩は当の長州藩との提携強化を進めていた。これは、親藩の福井藩ではできないことだった。

慶応二年（一八六六）一月二十二日、春嶽からも目をかけられていた土佐の坂本龍馬が仲介役となる格好で、薩摩藩代表の西郷と長州藩代表の桂小五郎《かつらこごろう》（木戸孝允《きどたかよし》）が六ヵ条にわたる盟約を結んだ。いわゆる薩長同盟である。

六ヵ条の盟約といっても、口頭での合意つまり口約束に過ぎなかった。両藩は文書という形で合意事項を確認したのではなかった。言い換えると、薩摩藩は証拠を残さなかったのだ。

これに不安を抱いた木戸は翌二十三日、前日に薩摩藩と合意に至った事項を書面にし、立会人の龍馬に確認を求めた。龍馬は合意内容を保証する旨の一文を裏書きし、木戸に返却した。木戸はこの龍馬宛の書面をもって薩摩藩との盟約の証拠としたが、六ヵ条にわたる薩長両藩の合意内容は以下のとおりである。

①征長軍が長州に攻め込めば、薩摩藩は藩兵二千人を上京させる。
②長州藩に勝機がみえたときは、朝敵とされた汚名が取り除かれるよう朝廷に工作する。
③敗色が濃厚な場合も朝廷に工作する。
④開戦に至らず征長軍が江戸に引き揚げたときも、朝敵の汚名が取り除かれるよう朝廷に工作する。
⑤慶喜・京都守護職松平容保・京都所司代松平定敬の「一会桑」がこれまでのような政治姿勢を取り続けるならば、最終的に慶喜・容保・定敬との決戦を覚悟するしかない。
⑥朝敵の汚名が取り除かれたあとは、朝廷のもと諸大名が国政に参画できる政治体制への移行を両藩で目指す。

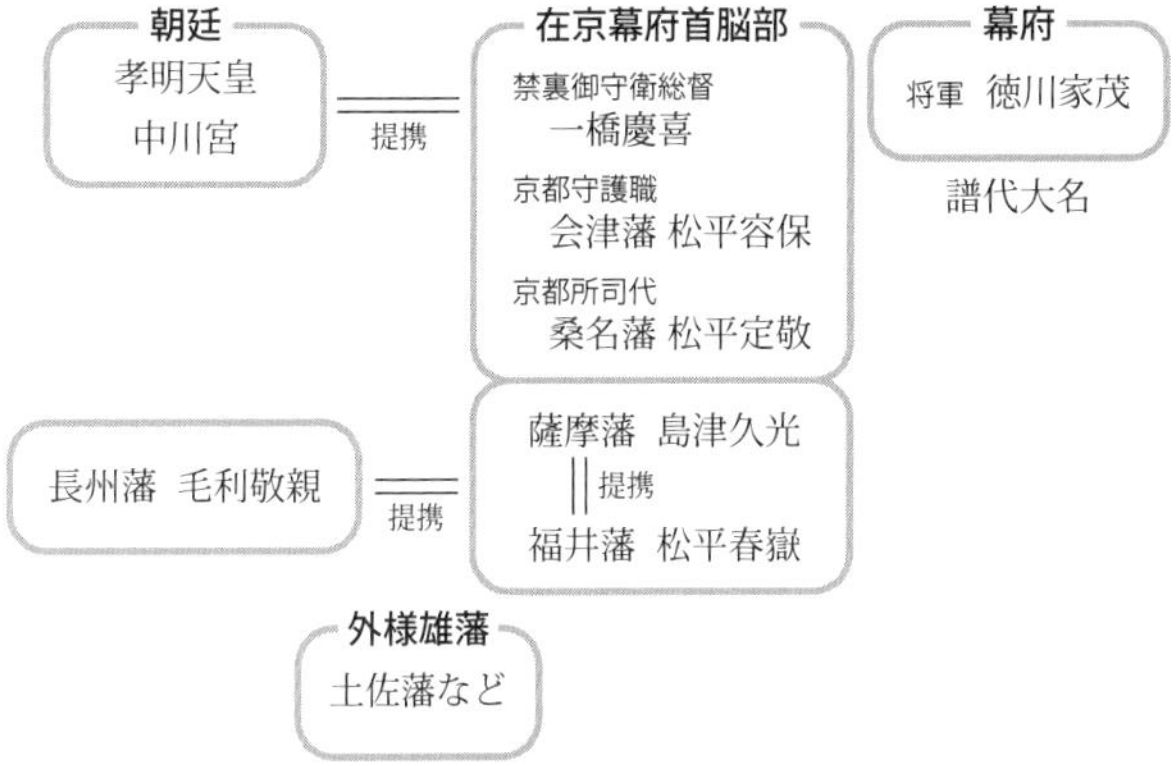

図10　幕末の勢力図（薩長盟約～第２次長州征伐）

第一条目では、開戦と同時に京都に大兵を送ることで、幕府を牽制する意図が秘められていた。第二～四条目では、長州藩の復権が果たされるよう尽力すると約した。

第五条目を理解するには、長州藩を朝敵と認定した朝廷内の力関係を知る必要がある。京都に駐在した慶喜・容保・定敬の三人は、天皇の厚い信任のもと朝議に強い影響力を行使した。長州再征の勅許にしても、慶喜らが朝議で強く主張した結果だった。慶喜ら三人を排除しない限り、薩摩藩がいくら動いても長州藩から朝敵の汚名を取り除くことは不可能であり、最後の手段として慶喜らとの決戦、つまり武力行使も覚悟することにしたのだ。

第六条目では両藩が目指す政治体制が提起されたが、それは有力諸侯による雄藩連合である。

薩摩藩の持論でもあったが、春嶽は、幕府つまりは徳川宗家の存在をないがしろにはできない立場にあり、その点で薩摩藩とはどうしても折り合えなかったことはのちの歴史が証明している（図10）。

薩長同盟とは長州藩復権のため薩摩藩が尽力し、その目的を実現するには慶喜や会津藩・桑名藩との交戦も最終的には辞さないという趣旨の盟約であり、はじめから慶喜らとの武力対決を想定したものではない。いわば覚悟を示しただけであり、武力倒幕すなわち討幕のため、薩摩藩が長州藩と運命をともにするような軍事同盟ではまったくなかった。

口約束であったとはいえ、四面楚歌の長州藩にとって薩摩藩と盟約を結んだことは実に大きかった。四月十四日、薩摩藩は今回の長州藩征伐には大義名分がないとして、出兵を命じられても断る旨の上申書を老中板倉勝静に提出している。

長州藩と国境を接する広島藩なども出兵しなかった。薩摩藩と歩調を合わせた形だが、同様に様々な理由を挙げて出兵を拒否する藩は少なくなかった。春嶽率いる福井藩も幕府からの要請を拒否し、征長軍には参加しなかった。

しかし、幕府は長州藩に最後通告を発した。藩主毛利敬親の蟄居・隠居、広封の永蟄居、別に毛利家一族から選んで藩主とする、十万石の減封、禁門の変の責任者として処刑された三家老の家名断絶という処分を受諾しなければ、長州藩領に攻め込むと予告した。

開戦の決意を固めていた長州藩としては、幕府の示した期限までに回答する気などまったくなかった。開戦の火蓋が切られるのは時間の問題であった。

将軍家茂の死と征長の中止

六月七日より征長軍は長州藩領に攻め込むが、緒戦から各所で敗北を喫した。征長軍の敗退を見て戦線を離脱する藩も多かった。日ならずして、幕府の敗勢は必至の状況となる。薩長盟約に基づき、薩摩藩は開戦を受けて京都に大兵を送り込んだ。征長軍の解兵つまり長州藩征討の中止も朝廷に上申したが、これもまた幕府への牽制だった。薩摩藩の上申は朝議で却下されたが、征長軍の敗勢は覆うべくもなかった。

この頃、家茂が督励のため大坂城を出陣する話が浮上し、春嶽に大坂城の留守を任せたいとの依頼が幕府から入る。福井から動かなかった再征反対論者の春嶽はこれに驚き、家茂の出陣を諫止しようと福井を出立した。六月二十九日には京都に入ったが、実は家茂は出陣どころではなかった。脚気《かっけ》のため病の床に臥せっており、やがて重篤の状態に陥ったのだ。

敗色濃厚のなか、七月二十日に家茂は大坂城で死去する。開戦からわずか約一ヵ月後のことであった。春嶽は慨嘆するが、家茂には世子がおらず、幕府内の動揺を収めるためにも次期将軍を早急に決める必要があった。

当時の緊迫した情勢からすれば、この難局を乗り切れるのは上方で朝廷や諸藩を相手に政治力を発揮する慶喜を措いてほかにいなかったが、慶喜は将軍職を受けようとはしなかった。天皇の厚い信任のもと、京都を本拠地として幕政に強い影響力を行使した政治手法が幕府内で反発を買っていたからである。

しかし、老中板倉勝静からの強い要請を受け、徳川宗家の相続は承知した。勅許が下りたのは、家茂死去から九日後の七月二十九日であり、ここに徳川慶喜が誕生した。

徳川宗家を継いだ慶喜はみずから出陣することで、戦局の打開をはかろうとする。八月八日に慶喜は参内して、改めて長州藩征討の勅書を受け、節刀《せつとう》まで賜った。節刀とは、天皇の権限を代行させるために下賜された刀である。慶喜側の要請を朝廷が受け入れたわけだが、その後事態が急変する。

九州から長州藩を窺う征長軍を指揮していた老中格小笠原長行が家茂病死の報に接して動揺し、前月の七月二十九日に前線基地の小倉城から逃亡したのだ。小笠原の逃亡は九州の征長軍を動揺させ、早くも翌三十日には小倉に出兵中の熊本藩兵などが戦線の離脱を開始する。

長州藩の攻撃を支え切れないと判断した小倉藩は、八月一日に城を自焼する。前線への出陣を決意した慶喜だったが、小笠原の逃亡そして小倉城自焼の報が入ると戦意を喪失させた。出陣は中止となった。

十六日、慶喜は、将軍の喪中であるから、しばし休戦し、諸藩と評議した上で、以後の方針を決定する、と朝廷に上申する。これを受けた形で、幕府軍と長州藩に対して休戦するよう命じる沙汰書（八月二十一日付）が出された。朝廷の権威を持ち出すことで、何とか敗戦の事実をうやむやにしようとしたのである。幕府と長州藩の間で休戦協定が結ばれたのは、翌九月二日のことである。

長州再征は失敗に終わり、幕府の権威は地に落ちることになった。

慶喜に大政奉還を勧告する

幕府による長州再征の失敗を受け、春嶽は慶喜に対して七ヵ条にわたる勧告を行った。現下の情勢を深刻に受け止め、徳川家第一の親藩として諫言したのだ。幕府を立てる従来の立場の変更を意味する内容を含んでいたが、その大要は以下のとおりである。

慶喜が徳川宗家を継ぐのは良いが、今日から幕府はないものと思い、天皇の意向に従って万事取り計らうべきである。将軍たる徳川宗家は諸大名に命令することを止め、御三家と同様の立場になるべきである。大政は朝廷に返上されよ。そして天下すなわち諸大名の衆議により将軍職が存続されても、慶喜が将軍となっても、その職掌は限定されるべきである（『続再夢《さいむ》紀事』）。

慶喜が徳川宗家を継ぐのは良いが、将軍職を継ぐことには否定的だった。というよりも、幕府は朝廷に大政を奉還し、以後の政治体制は将軍職の存続も含めて諸大名の衆議に任せるべきというのが春嶽の主張であった。徳川宗家はみずから大名の列に下り、幕府は消滅させる。大政奉還論の提起にほかならない。

これは将軍職の廃止も意味したが、諸大名の衆議により存続の道は残している。ただし、その職掌は限定的で、国政の運営にあたっては、朝廷のもとに集結した諸大名の衆議に重きを置くことが想定されていた。この衆議こそ、公論になるのだろう。

それまで大政奉還論を唱えたことはあったものの、朝廷に破約攘夷を撤回させるための手段としての意味合いが強かった。だが、今回はそうではなかったのである。

再征失敗の政治的責任を大政奉還という形で取ってほしいと求め、その後の政治体制は朝廷のもとでの徳川宗家を含めた諸侯会議を提案しているのだ。徳川宗家の存続をはかる道であるとも考えていたが、慶喜は春嶽の提案を受け入れなかった。将軍職を継ぐための朝廷工作を進めていたのだ。

失望した春嶽は十月一日に京都を去り、福井に帰国する。福井藩の富国強兵に力を入れることで来るべき動乱に備えようとした。

この月の十六日に、慶喜は参内して天皇に拝謁する。そのときの待遇は将軍同様で、慶喜に対する天皇の厚い信任が示された形だった。慶喜の将軍就任は既成事実化され、十二月五日に十五代将軍に就任した。最後の将軍となったのである。

四　薩摩藩との距離が広がる

四侯会議に込めた薩摩藩の思惑

将軍の座に就いたばかりの慶喜に、衝撃的な出来事が起きる。厚い信任を得ていた孝明天皇が崩御したのだ。十二月二十五日のことである。翌慶応三年（一八六七）一月九日には、わずか十四歳の睦仁《むつひと》親王が践祚《せんそ》する。明治天皇である。

慶喜は将軍の座に就いたとはいえ、その基盤は脆弱だった。幕府を支える譜代大名や幕臣団からの全面的な支持を得ていたとはとても言いがたく、長州再征で激しく対立した薩摩藩など雄藩との融和を進める必要があった。最大の後ろ楯だった孝明天皇の崩御も、そうしたスタンスに拍車をかけた。

当時、慶喜は二つの大きな課題を抱えていた。兵庫開港と長州藩処分問題である。

京都にも近い兵庫の開港は朝廷内で反対論が強く、孝明天皇の厚い信頼を得ていた慶喜をもってしても勅許が得られなかった。慶応元年に通商条約の勅許は得たものの、条約に基づき開港する約束になっていた兵庫開港は認められなかった。

しかし、天皇の崩御により、公卿たちの承諾さえ取れれば勅許獲得のメドが立った。慶喜は雄藩の意見も追い風にして兵庫開港の勅許を得ようと考えた。雄藩つまり有力諸侯は兵庫開港自体に反対していなかったからである。

一方、薩摩藩は慶喜率いる幕府が雄藩との融和路線を取りはじめたことを受け、その主張が国政に反映されるチャンスとみた。頓挫していた雄藩連合を実現して政局の主導権を握れるかもしれないのだ。

兵庫開港もさることながら、長州再征の失敗を受け、慶喜をして勅許済みの長州藩処分案を変更させる必要もあった。そのためには、長州藩復権を意味する寛大な処分案を奏請し、改めて勅許を得なければならない。

薩摩藩を牽引する西郷らは、かつて朝議への参預を命じられた春嶽、容堂、宗城に対して久光とともに上京するよう働きかけ、承諾を得る。四名の有力諸侯が京都に勢揃いして慶喜にプレッシャーをかけようとはかった。いわゆる「四侯会議」という形で国政への参画を目指した。

二月十九日、兵庫開港の勅許奏請を決意した慶喜は春嶽や久光ら四侯に意見を求め、二月二十日を意見書の提出期限とした。兵庫開港に対する有力諸侯の支持を踏まえて勅許を奏請し、朝議で許可が下りやすい環境を作ろうと目論んだ。ところが、慶喜は三月二十日の提出期限を待たず、同月五日に勅許を奏請してしまう。

欧米列強からの強い要請が背景にあったとされるが、雄藩の意見を踏まえると言っておきながら、意見も聞かず奏請したことに四侯は強い不信感を抱いた。ただし、兵庫開港自体は反対ではなく、問題は長州藩処分だった。

四侯は四月中旬から五月はじめにかけて上京し、会合を重ねた。それぞれの意見をすり合わせた上で、五月十四日に二条城に登城して慶喜に対面した。

慶喜は長州藩処分問題よりも兵庫開港の勅許を得たい気持ちの方が強かったが、四侯は長州藩への寛大な処分を優先させるべきとの考えだった。具体的には藩主毛利敬親・広封父子の官位復旧、十万石減封の取消という寛典案の勅許が下りるよう慶喜に求めた。

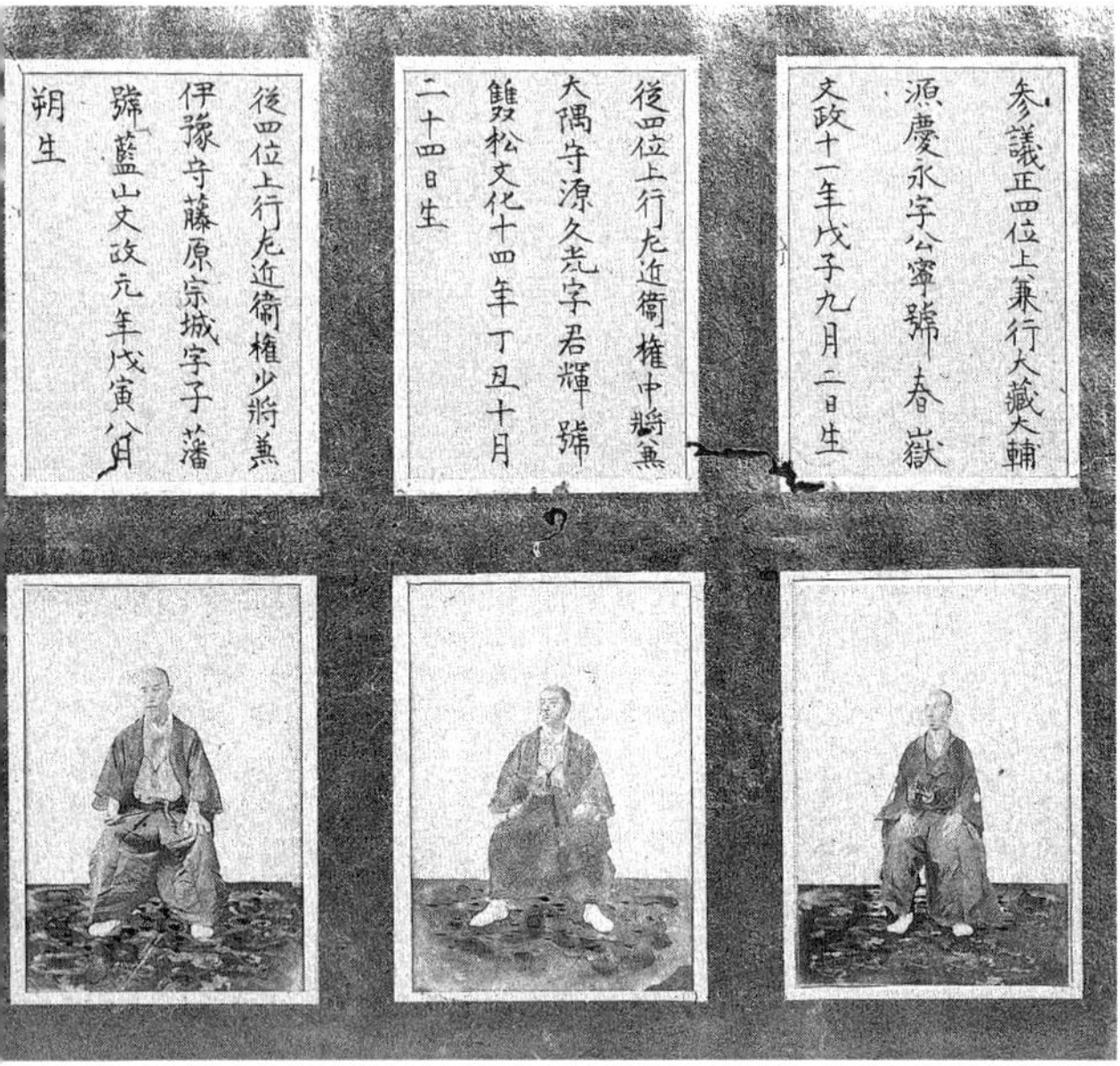

図11　四老公衝立（左から、山内容堂、伊達宗城、島津久光、松平春嶽。福井市立郷土歴史博物館蔵）

毛利父子は禁門の変直後、官位が剝奪されていたが、元の官位に戻ることで朝敵の汚名は取り除かれ、念願の復権が実現するわけだ。寛典案の勅許が下りたあと、兵庫開港の勅許を奏請してほしいというのが四侯からの強い要望であった。

なお、この日の対面では慶喜の強い希望により、四侯一人ずつの写真が撮られた。記念撮影された写真は春嶽により衝立に仕立てられ、今も残っている（図11）。

兵庫開港を優先させたい

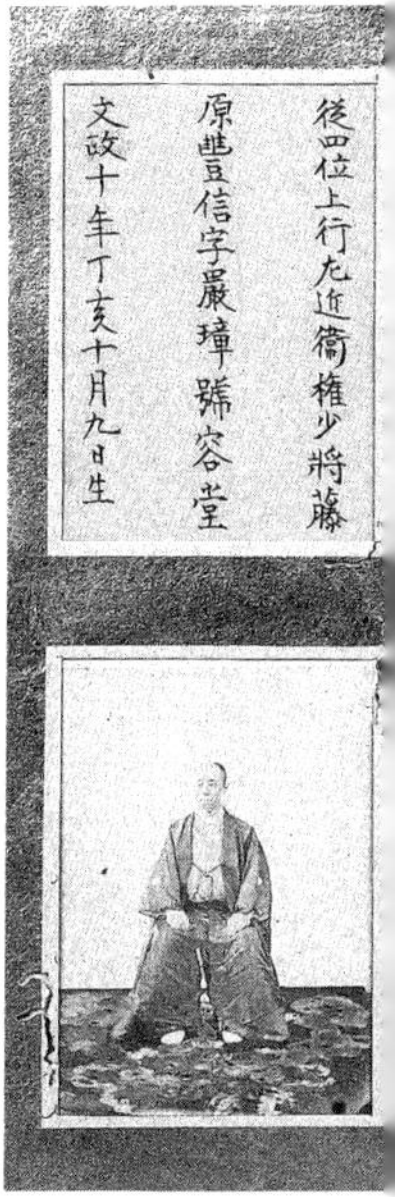

慶喜と長州藩処分が先決とする四侯の協議は暗礁に乗り上げるが、同十九日に春嶽が妥協案を提示した。両件が同時に勅許になるよう求めたのだ。慶喜も承諾し、同二十四日の朝議で四侯も同じ考えであると熱弁を振るうことで、両件の勅許を同時に得ることに成功した。

ところが、長州藩処分問題については寛大な処置とするという文言だけであり、四侯たちが望んだ藩主父子の官位復旧、減封の取消などの内容は何も勅許に盛り込まれなかった。慶喜は、長州藩をして寛大な処置を求める嘆願書を提出させた上で、四侯が希望する寛典案に関する勅許を奏請しようと考えていたが、嘆願書提出という屈辱的な条件を長州藩が呑むはずもなかった。

薩長約盟以来、復権への尽力を約束していた薩摩藩は面目を失墜する。参預会議に続いて、久光は再び慶喜に煮え湯を呑まされた。

結局のところ、四侯は長州藩処分に関する主張を事実上握り潰された。兵庫開港の勅許を得るために利用されただけだったのである。

薩長両藩との提携強化と春嶽の慶喜摂政案

慶喜の対応に失望した四侯は春嶽を除いて帰国の途に就く。慶喜には雄藩の意見を採用しようという意思はないとして、薩摩藩では西郷や大久保ら対幕府強硬派の意見が勢いを増していく。

五月二十九日、京都の薩摩藩邸で首脳部の会議が開かれ、長州藩との連携を強化し、政治的行動をともにしていくことが決まった。久光もこの方針自体は容認した。

六月十六日、久光は在京中の長州藩士品川弥二郎《しながわやじろう》と山県有朋《やまがたありとも》を引見し、近日中に西郷を山口へ派遣する予定であると伝えた。家老小松帯刀《こまつたてわき》も長州藩との連合で幕府の罪を糺したいと品川・山県両人に告げた。

以後、西郷・大久保が牽引する薩摩藩は長州藩との提携強化により、慶喜から征夷大将軍職を剝奪して諸侯の列に格下げし、朝廷のもとで開かれる諸侯会議で国家の大事を決めようと目論んだ。

そのためには武力発動も辞さないという討幕の姿勢であったが、久光は慶喜率いる幕府との戦争は否定的であった。藩内でも同様の考えが大勢を占めており、西郷や大久保の討幕路線は強い批判を浴びた。長州藩との提携強化が藩の方針とはいえ、イコール武力による倒幕を意味するわけではなかった。

一方、春嶽は雄藩の意見を尊重しようとしない慶喜の対応に同じく批判的であったものの、帰国した久光・容堂・宗城とは異なり、京都にとどまって事態を見守った。先に勧告したように、慶喜が大政を奉還して将軍から大名の列に下り、その後朝廷のもとで開催される諸侯会議が幕府に代わって国政を担うことを望んだ。

福井藩は親藩である以上、薩摩藩などと目指す新体制は同じとはいえ、慶喜を武力をもって将軍の座から引きずり下ろす討幕論に与することはできなかった。そもそも、春嶽が久光ら外様大名と政治行動をともにすること自体、幕府だけでなく、薩摩藩・長州藩と対立する会津藩や御三家の紀州藩から不都合であると猛反発を買った。

久光自身は討幕路線には否定的だったが、薩摩藩を牽引する西郷・大久保らが討幕も辞さない姿勢を露わにしはじめると、「薩越同盟」の維持は難しくなる。薩摩藩が幕府に対する強硬路線に走れば走るほど、蜜月状態だった福井藩と薩摩藩の距離は広がる。この頃、両藩の交易も頓挫していたようだ。政治的にも経済的にも隙間風が吹きはじめていた。

その後の歴史が明らかにしているように、慶喜と討幕派の戦いは天皇の奪い合いに帰結していき、双方の朝廷工作も激しくなるのは避けられなくなった。

この時期、春嶽は慶喜を朝廷の最高責任者たる摂政に就任させようという動きに関与していた。明治天皇はまだ年少であり、西郷や大久保らがそれに乗じる形で天皇の抱き込みをはかるのを防ぐ狙いもあっただろう。

天皇が幼少の身で政務を執れない場合は摂政が置かれ、長じれば関白を置くのが朝廷の常道だが、慶喜が将軍から降りたあとのポストとして摂政を提示することで、慶喜をして大政奉還させようという春嶽の狙いも秘められていたのではないか。公武一和を実現するための秘策だったが、ついに実現することはなかった。

土佐藩の大政奉還論登場

薩摩藩は慶喜を将軍の座から引きずり下ろすためのパートナーとして長州藩を念頭に置いていたが、もう一つ別の動きも同時進行させていた。春嶽とも親しい山内容堂率いる土佐藩との連携を試みたのだ。

土佐藩の参政後藤象二郎《ごとうしょうじろう》は、慶喜に将軍職辞職を迫る、つまり政権を返上させた上で、朝廷のもとに新政府を樹立する案を、土佐藩の藩論としてまとめようとしていた。すなわち、大政奉還論である。

後藤は大政奉還後に公議、つまりは天下の公論を汲み上げる政体を想定しており、いわゆる公議政体論に基づく政権構想だった。欧米の議会制度（二院制）を導入して、諸藩のみならず庶民の政治参加も認めることで、国家としての意思統一を目指すものとした。

この政体を実現させるため、慶喜にはみずから幕府を終わらせる決断に踏み切ってほしいというのが後藤の考えであった。

春嶽も公議政体論に基づく同様の政権構想を温めていた。イギリス議会に倣って上院・下院を設け、上院の議員に幕臣・諸侯（あるいは藩士）、下院の議員には藩士（あるいは町人や農民）を充てる案が「虎豹変革備考」というタイトルの文章にまとめられている。

上京してきた後藤は大政奉還論を薩摩藩家老の小松帯刀に提案し、その同意を得る。西郷らは後藤の提案を受け入れたのである。

慶喜から将軍職を剝奪するといっても、当然抵抗するはずだ。となれば幕府との戦争になるが、足元の薩摩藩内部では危険な賭けであるとして討幕の方針には反対論が強かった。久光も反対であった。西郷は確たる勝機を見出せないでいた。

こうした西郷や大久保らが置かれた状況を踏まえれば、将軍職の辞職を迫る土佐藩の案は相乗りしやすいものだった。西郷らが目指したのは慶喜から将軍職を剝奪することであり、武力であろうと建白書であろうと、それが実現できれば良い。そのため、西郷らにしてみると、土佐藩の提案は渡りに船であった。

仮に慶喜が大政奉還を拒絶すれば、薩摩藩はそれを機に討幕に踏み切る理由ができる。

その折には長州藩のほか土佐藩の軍事力も取り込めるという読みのもと、提携に踏み切る。六月二十二日、坂本龍馬・中岡慎太郎《なかおかしんたろう》の立ち会いのもと、薩摩藩と土佐藩の間で薩土盟約が締結される。大政奉還で藩論を最終的にまとめるため、いったん後藤は国元に戻ることになった。土佐藩を率いる容堂の承認を取り付けるためである。

以後、薩摩・土佐両藩の関心は大政奉還の建白書に対して、慶喜がどう出るのかという一点に絞られた。慶喜が拒否すれば、土佐藩もともに討幕に立ち上がることを薩摩藩は期待した。

薩摩藩が台風の目となる形で、京都の政情は緊迫していく。薩摩藩が対幕府強硬派の西郷・大久保主導のもと、討幕を見据える形で雄藩との合従連衡策を進めると、春嶽はこれ以上連携することはできなかった。徳川家第一の親藩を自認する福井藩の限界であった。

現状では打開策を見出すことができない春嶽は、またしても失意のうちに帰国を余儀なくされる。八月九日に福井に戻るが、その後事態はさらに緊迫の度を深め、京都は開戦前夜の状況を呈するのである。

第五章　戊辰戦争という踏絵

——新政府の主導権を奪われる

一　幕府の消滅と春嶽の新政府入り

薩長芸三藩の共同出兵協定成立

薩摩藩は慶喜を将軍の座から引きずり下ろすため、武力発動も辞さない討幕路線を進める一方で、土佐藩の大政奉還運動に相乗りした。主軸としていたのは討幕路線の方で、そのパートナーは長州藩だが、のちに外様の雄藩広島藩浅野家も加わった。

慶応三年（一八六七）八月十四日、薩摩藩の討幕路線を牽引する西郷隆盛は京都藩邸にやって来た長州藩の柏村数馬《かしむらかずま》と御堀耕助《みほりこうすけ》に対して次のような挙兵計画を漏らす。京都藩邸詰めの藩兵千人をして、会津藩邸や幕府兵の屯所などの焼き討ちに向かわせる。国元から三千人の藩兵を動員して大坂城を攻撃する。江戸藩邸詰めの藩兵をもって甲府城を占領するという壮大なプランであった。

京都に本拠を置いて朝廷に強い影響力を行使する慶喜にとって、会津藩の軍事力は大きな支えとなっていたが、かたや薩摩藩・長州藩にとっては大きな脅威だった。これを排除しなければならないとしたわけだが、藩主松平定敬が所司代を務める桑名藩の軍事力も同じく排除の対象である。

挙兵計画を明かしたあと、西郷の盟友大久保利通は山口に赴く。長州藩主毛利敬親や藩首脳部と会談を重ね、九月十九日、上方出兵に関する協定を結ぶ。これに広島藩も加わり、薩長芸三藩による共同出兵協定が成立することになった。三藩の軍事力を上方に集中させることで幕府を追い詰め、慶喜を将軍の座から引きずり下ろそうという計画であった。

開戦の日は刻々と近づくが、一連の不穏な動きを日ならずして幕府側も察知した。すでに西郷の挙兵計画も漏れており、京都では幕府要人襲撃の風聞が渦巻いた。

そのため、慶喜その人はもちろん、老中首座板倉勝静や慶喜側近の梅沢孫太郎《うめざわまごたろう》にまで厳重な護衛が付いた。将軍の座に就いたあとも、慶喜は小浜藩酒井家の京都藩邸に居を構えていたが、俄に二条城に移る。九月二十一日のことであった。

大政奉還建白書提出と討幕の密勅降下

それから二日後の二十三日、山口で長州藩と上方出兵に関する協定をまとめ上げた大久保が京都に戻ってきたが、この日、大政奉還論で藩内がまとまった土佐藩の福岡藤次が慶喜宛の大政奉還建白書の草稿を西郷のもとに持参してくる。薩摩藩の内諾を得た上で提出しようとするが、西郷は、薩摩藩としては、土佐藩が建白書を提出すれば事を起こすつもりである。十月五日頃までに事を起こしたいと考えていたが、どうしても提出するならば前日までに教えてもらいたい。

と牽制した。

大政奉還運動に相乗りしたはずの薩摩藩は、土佐藩の建白書提出に対する慶喜の反応とは関係なく、討幕を目指した挙兵に踏み切ることを決めていたのだ。

実は藩内に挙兵計画が漏れたことで、禁門の変で朝敵に転落した長州藩の二の舞に陥るとして猛烈な反対運動が沸き上がり、西郷や大久保としてはそうした動きを抑え込むためにも早期の挙兵に迫られた。そこで、土佐藩の方針とは関わりなく、討幕を優先させる方針に転換したのである。その結果、薩土盟約も解消されていた。

薩摩藩と土佐藩は別々の道を歩むが、訣別したわけではない。手段は異なったものの、目指す政体は同じであるから、新政府樹立後を踏まえて互いに連絡を取り合っていた。

薩摩藩にストップをかけられたことで、翌九月二十四日にも老中首座板倉勝静に建白書を提出する予定だった土佐藩は困惑した。西郷らと交渉した結果、十月二日に至って、建白書を提出しても差し支えないとの返答を得る。翌三日、土佐藩は大政奉還建白書を板倉に提出した。

なぜ、土佐藩は建白書提出を急いだのか。慶喜の腹心で若年寄格の永井尚志に後藤象二郎が呼び出され、建白書の提出を督促されたことに加え、薩摩藩に政局の主導権を握られたくない思いもあっただろう。大政奉還を建言する用意がある意思を、すでに土佐藩は慶喜側に伝えていた。

一方、西郷らは挙兵の準備を進めるが、藩内の反対論が高揚して思惑どおりには進まなかった。そのため、究極の秘策に打って出る。討幕の密勅である。

十月八日、西郷や大久保らは連名で、武力倒幕つまり討幕を正当化するための宣旨の発給を、天皇の外祖父である前大納言中山忠能《なかやまただやす》と、議奏（天皇に近侍して勅命を伝える職）の正親町三条実愛《おおぎまちさんじょうさねなる》に要請した。武力をもって慶喜、守護職松平容保、所司代松平定敬の三名を討てという天皇の命令が薩摩藩・長州藩に下るよう求めたのだ。長州藩の復権を阻む「一会桑」の三名である。密勅降下により藩内の出兵反対論を抑え込み、藩主島津茂久の率兵上京を実現しようと目論んだ。

十四日に、薩摩藩・長州藩主宛の討幕の密勅（日付は十三日付）が下った。慶喜の討伐を両藩主に命じる宣旨であった。容保・定敬の討伐を命じた沙汰書も、中山らの名前で同時に発給された。

西郷らが広島藩の軍艦に乗船して鹿児島に向かったのは、十九日のことである。討幕の密勅を携えて鹿児島に戻り、茂久の率兵上京で藩論をまとめる目算だった。

ところが、西郷が鹿児島に戻る前に、武力をもって打倒を目指した幕府は消滅してしまう。十月十四日に、土佐藩の建言を受けた慶喜が朝廷に大政を奉還したからである。

そもそも、密勅が出たからといって、すぐ挙兵できるわけではない。国元で藩論をまとめて率兵上京を準備する時間が必要である以上、慶喜に先手を打たれたのは明らかだった。

大政奉還を決意した慶喜の心境は良くわからないが、決して前途を悲観して政権を投げ出したのではなかった。むしろ、政局の主導権を握るため大政奉還という政治決断を下したのである。守りに入ったのではなく、攻めに出たのだ。

前日の十三日、慶喜は十万石以上の大名の重臣を二条城大広間に集め、大政奉還の意思を伝えた。翌十四日、慶喜は大政奉還の上表を朝廷に提出し、十五日に勅許された。続いて、二十四日には将軍職辞職の上表を提出している。

開府以来二百六十年余の江戸幕府の歴史は終わりを告げたが、その代償として慶喜は政局の主導権を奪取する。大政奉還という政治決断によって、朝廷を中心とする新政府が樹立される道筋をつけることに成功したからだ。

京都を舞台にした権力闘争から身を遠ざけるように福井に戻っていた春嶽が、大政奉還の報に接したのは十六日であった。この日から、春嶽激動の日々がまたしてもはじまる。

春嶽の上京と親藩・譜代の大政再委任要求

十月十五日に大政奉還を勅許した朝廷は同日、十万石以上の諸大名に対して上京を命じるが、朝廷の命に応じて上京する大名はあまり多くなかった。朝廷からの督促にも拘らず、政治情勢の激変に戸惑い、様子見を決め込む諸藩の数は多かった。

春嶽には朝廷が名指しする形で上京が命じられた。久光・容堂・宗城ら有力諸侯にも同じく上京の命が下るが、藩内では逡巡する意見も強かった。今まで何度も上京したものの、そのたびに失望して帰国を繰り返していたからである。

しかし、藩内での激論の末、春嶽は上京を決意する。待ち望んでいた大政奉還が実現したことで、期待感をもって上京を決意したのだろう。

十一月八日に春嶽は京都に入るが、政局の焦点は天皇をトップとする新政府内の人事に移っていた。早くも翌九日には土佐藩の福岡が福井藩邸を訪れ、政権構想についての議論を開始する。

土佐藩は、新政府の政体として公議政体論に基づく二院制議会を構想していた。上院には関白二条斉敬《にじょうなりゆき》と前将軍慶喜主宰のもと有力諸侯が参加し、下院は藩士や庶民が加わるという新体制を諸侯会議で決議したあと、これを天皇の前で誓約して確定させる計画だった。実質的に、慶喜が新政府のリーダー格となる政体である。

同じく公議政体論の立場を取る福井藩はこの新政府案に異論はなく、両藩が中心となって同調する藩を集めることになった。福井藩は尾張藩や熊本藩、土佐藩は薩摩藩や広島藩に声をかけ、広島藩には岡山藩・鳥取藩に声をかけてもらう目算だった。

慶喜とも連絡を取り合いつつ、土佐藩と連携することで多数派工作に力を入れた春嶽だが、興味深いのは当時の春嶽が薩摩藩にかなりの不快感を感じていたことである。国元にいた藩主茂昭への書簡では薩摩藩を「芋藩」と称し、その「姦策」は破れたとの認識を示している。「薩奸」という表現もみられる（以下、春嶽の書簡は『松平春嶽未公刊書簡集』福井市立郷土歴史博物館を参照）。

芋藩あるいは薩奸は、討幕を進める薩摩藩の動きに対する不快感を示す言葉にほかならない。親藩の福井藩を率いる以上、そんな薩摩藩とはもはや相容れない春嶽の立場を反映する表現だ。両藩はかつての蜜月状態ではなかった。

一方、別の動きも顕在化する。大政奉還後の十月二十五日、会津藩・桑名藩のほか、紀州・水戸・彦根などの親藩大名・譜代大名の家臣たちが政務の幕府委任を求める嘆願書を朝廷に提出した。朝廷に奉還された大政を再び幕府に委任させようという動きだ。幕府への大政再委任論であり、要するに大政奉還に不満を持つ勢力であった。

大政再委任派の諸藩は、討幕を目指した薩摩藩・長州藩・広島藩、そして大政奉還を建白した土佐藩に強い不満を抱いていた。新政府が樹立されたとしても、政局の主導権をこのまま握られて風下に立たされるのは必至である。そんな屈辱を強いられるならば、今までどおり幕府のもとで同列の方がましということなのだろう。このような認識が大政再委任要請の動機だったことはもっと注意してよい。

だが、こうした諸藩の動きに薩摩藩や土佐藩は反発せざるを得ない。いわば幕府の復活要求にほかならず、時計の針を逆行させる動きであった。その思いは福井藩も共有しただろう。薩摩藩が主導する新政府に参画する理由にもなる。

新政府の政体をめぐる暗闘

大政奉還後、京都では朝廷中心の政治体制の構築を目指す薩摩藩グループと土佐藩・福井藩グループ、幕府の復活を策す会津藩グループが多数派工作を展開したが、とりわけ薩摩藩と会津藩・桑名藩の対立は激しく、緊張が高まっていく。

会津藩士が薩摩藩邸を襲撃するという風聞が飛び交っていた。会津藩と共同歩調を取る桑名藩が、国元の伊勢桑名から藩兵を残らず上京させて薩摩・土佐・広島の各藩邸を襲撃するのではという風聞もまことしやかに囁かれた。そうした最中、春嶽を高く評価する坂本龍馬が中岡慎太郎とともに京都見廻組に殺害されてしまう。

この頃、討幕派リーダーの西郷らは討幕の密勅を携えて鹿児島に戻っていた。討幕の密勅は慶喜が幕府を消滅させたことで意味を失い、朝廷から執行停止の沙汰書も下ったが、大政奉還を受けて諸大名に上洛を命じる命令が朝廷から下ったこともあり、茂久の上京はすんなりと決まった。

朝廷が上京を求めていたのは久光だったが、上京したのは茂久の方であった。藩内討幕派の動きを抑え込んでいた久光は体調不良でもあり、このときは上京を断念したが、西郷ら討幕派には有利に働いた。西郷は久光の意向に縛られることなく、京都で討幕路線を推し進めることが可能となったからである。春嶽としては久光が上京していれば、久光をして討幕派の動きを牽制できたかもしれなかったが、それは叶わぬ夢となる。

十一月一日、茂久は家老に対し、国政を変革して天皇の心を安んじるため率兵上京を決断した旨の親書を与えた。七日に、この親書は家中にも伝えられた。十三日、茂久は藩兵を率いて海路、鹿児島を出発した。西郷や大久保も同行したが、茂久は周防三田尻港でいったん下船し、山口へと向かった。

十八日、長州藩世子の毛利広封と茂久は対面したが、同じ日、西郷は長州藩と協議し、薩摩・長州・広島三藩の共同出兵協定を改めて取り結んでいた。京都での軍事行動は薩摩藩が受け持ったが、慶喜との戦いに敗れた場合は、天皇を京都から西宮まで脱出させ、広島城に迎え入れる計画を密かに立てた。官軍として戦うには、天皇を自軍の陣営に迎えることが不可欠だったからである。

二十三日、茂久は千人もの大兵を率いて京都に入った。これで薩摩藩の在京兵力は二千八百人に達し、兵数では京都守護職を務める会津藩とほぼ拮抗した。

二十七日、春嶽は藩邸に大久保を呼んで、土佐藩の新政府案を示した。その場には後藤も同席したが、慶喜が新政府のリーダーとして位置付けられていることに大久保は強い難色を示す。これでは、看板を替えただけに過ぎない。幕府が新政府に代わっただけだ。

大久保は春嶽や後藤の前で、大政奉還そして将軍職辞職だけでなく、これまでの慶喜（幕府）の政治責任を何らかの形で取らせるべきである。その上で、新政府での処遇を決めたい、と主張した。

大久保は、別の新政府案をもって巻き返しをはかる。西郷や公家の岩倉具視とともに新政府の人事案を練り上げ、岩倉とともに討幕の密勅発給に関わった議奏正親町三条実愛らを同意させた。十二月一日のことである。

西郷・大久保・岩倉が練り上げた新政府案のテーマは、これまでの朝廷組織の改変であった。摂政・関白を廃止して太政官《だじょうかん》の設置が打ち出されたが、この太政官が新政府となるのだ。主な内容としては、

①太政官には総裁・議定《ぎじょう》・参与の三職を置く。総裁には有栖川宮《ありすがわのみや》、議定には山階宮《やましなのみや》・仁和寺宮《にんなじのみや》のほか、薩摩・広島・土佐・尾張・福井各藩の藩主クラスと三人の議奏、参与には、岩倉らと意見を同じくする公卿と西郷・大久保ら藩士クラスを充てる。

②慶喜の処遇は、内大臣の職を辞するよう求めて官位を一等下げる（辞官）。

③会津藩・桑名藩には、それぞれ京都守護職と所司代の廃職を申し渡し、帰国を命じる。慶喜に加えて、両藩主松平容保と定敬兄弟も新政府から排除する。

④朝敵とされてきた長州藩には藩主の官位復旧などの寛大な処置を下す。京都に入ることも許可する。

が挙げられる。②では、慶喜に政治責任を取らせるわけだが、新政府でのポストは何も想定されていなかった。西郷らが練り上げた新政府の人事案に慶喜の名前はなかったからである。さらに、新政府の財源に充てるため、徳川家の領地を一部返上（納地）させることも予定していた。また、④により長州藩は朝敵の烙印が取り払われ、ようやく念願の政治的復権を果たすことになる。

この新政府案は当然ながら、慶喜を戴く幕臣や会津藩・桑名藩の猛反発を招くことが予想された。そのため、西郷らは慶喜や会津藩・桑名藩を出し抜いた形で一気に目的を達成しようとした。軍事衝突も覚悟したクーデターの決行であった。

王政復古のクーデターに巻き込まれた春嶽の苦悩

薩摩藩がまとめた案は土佐藩や福井藩にとっては驚天動地のものだった。春嶽が十二月六日付で茂昭に宛てた書状からも、後藤から聞かされた薩摩藩の新政府案に驚きを隠せない様子が窺える。あまりにも過激な内容であり、慶喜を戴く旧幕府や会津藩・桑名藩の反発は必至だ。二、三日も経たないうちに開戦となるに違いないとの見込みを吐露している。ただし、後藤は納地の件だけは春嶽に伝えなかったようである。それだけ、春嶽ら徳川方の反発を恐れたのだろう。

加えて注目されるのは、春嶽がその首謀者たる西郷や大久保ら三名を「三奸」とまで酷評したことである。薩摩藩への不快感というよりも怒りに近い感情が滲み出ている。

摂政・関白の廃止もさることながら、慶喜を新政府から排除する方針には納得できなかった。土佐藩も同じ思いだったが、結局のところ両藩は慶喜を新政府のリーダー格に据える案を引っ込め、薩摩藩の提案に同意して新政府入りする運びとなる。同意せざるを得なかったというのが真実に近い。

大政奉還は諸藩の反発を引き起こしていた。会津藩などの巻き返しもあり、幕府への大政委任を求める動きも広がりをみせた。このままでは大政奉還が有名無実のものになりかねないという危機感から、薩摩藩の提案を渋々呑んだのだろう。大政再委任を唱える会津藩グループには与せない、春嶽らの苦渋の選択であった。

一方、西郷らが福井藩や土佐藩を引き入れようとしたのは、薩摩藩中心の新政府とみられるのは避けたかったからである。さもないと他藩の反発は必至で、薩摩藩が孤立する可能性が高いとみたのだ。だが、他藩も新政府に参画させれば、そのイメージを薄めることができる。

とりわけ徳川家第一の親藩・福井藩を取り込めば、親藩や譜代大名の反発も抑えられるのではないかという狙いがみえる。福井藩からすると利用された観は否めないが、薩摩藩は御三家筆頭の尾張藩も新政府に取り込んでおり、同様の狙いがみて取れるのだ。

もちろん、増強された薩摩藩の軍事力の存在も大きかった。会津藩以外、薩摩藩ほどの藩兵を京都に駐屯させている藩はなく、福井藩は京都に大兵を駐屯させた薩摩藩に主導権を握られる結果となった。福井藩も土佐藩も尾張藩も、薩摩藩に引きずられる形で政変に参加し、新政府の一翼を担うのである。

薩摩・広島・土佐・福井・尾張の五藩による新政府を樹立させる政変は、十二月九日に断行されることが決まったが、春嶽は中根雪江を二条城に派遣し、クーデターの件を前もって慶喜に知らせている。事前に情報を入れておくことで、クーデターの際、慶喜が冷静に対処することを望んだのだ。

慶喜がこの件を会津藩・桑名藩に伝えれば、両藩が対抗措置を取るのは明らかであり、政変は未遂に終わるはずだったが、慶喜は動かなかった。これから起きる事態を静観することで、その政変を支持する歴史的役回りを演じた。長州藩主父子の官位復旧にも反対しない旨は、すでに春嶽を通じて朝廷に伝えていた。

天皇が国政を執ることを意味する王政復古自体には、慶喜は反対していなかった。そもそも、その路線を敷いたのは大政を奉還した慶喜その人である。自分を新政府のリーダーに押し立てたい春嶽らが新政府のメンバーであることから巻き返しも可能と判断し、薩摩藩などによる政変を黙認したのだろう。

政変前日の八日に御所で開催された朝議では、長州藩主毛利父子の官位復旧と入京の許可が決まる。慶喜、容保、定敬は欠席したが、容保と定敬の欠席は慶喜の指示だったことは容易に想像できる。長州藩の復権に強く反対する両名を出席させることで、朝議が紛糾して不測の事態が起きるのを恐れたのである。

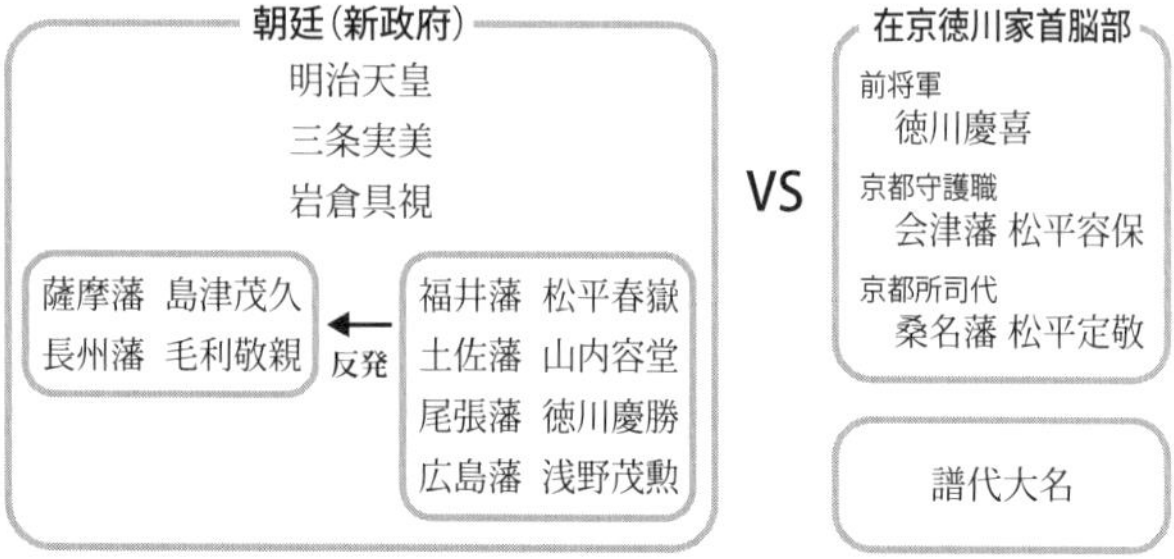

図12　幕末の勢力図（大政奉還～王政復古）

翌九日朝、長州藩処分に関する朝議が終了して公家たちが御所を出た直後、クーデターが決行された。

岩倉が王政復古の大号令の勅諭を携えて参内すると、ときを移さず五藩の藩兵が御所諸門に向かった。会津藩・桑名藩も諸門の警備を担当し、戦闘が起きる可能性も高かったが、不意を突かれた形の両藩は気遅れし、慶喜のいる二条城に引き揚げてしまう。すでに両藩は御所の門の警備の任を解かれていた。以後、御所は薩摩藩など五藩が警備した。のちに入京を許された長州藩も警備に加わった（図12）。

五藩で固められた御所に入れたのは、総裁、議定、参与に任命された面々である。福井藩では春嶽が議定、中根雪江や酒井《さかい》十之丞《じゅうのじょう》らが参与に任命された。

新政府の主要メンバーが揃ったところで、いわゆる小御所会議が夕刻からはじまるが、春嶽は容堂とともに慶喜の会議への参加を強く求めた。慶喜を新政府から排除する方針に納得していなかった春嶽らは、土壇場で巻き返しをはかった。何とか新政府のメンバーに迎え入れようとしたが、岩倉や大久保の抵抗に遭い断念せざるを得なかった。辞官、とりわけ納地の件についても納得していなかったはずだが、結局は押し切られたのだ。

小御所会議では慶喜・容保・定敬を新政府から締め出すことが決まり、慶喜に辞官・納地を、守護職・所司代が廃職となった容保・定敬には国元へ帰るよう命じた。京都からの追放である。

このような薩摩藩主導による王政復古のクーデターに、慶喜を奉じる幕臣たち、会津藩・桑名藩は激高する。そして、小御所会議で決定した辞官・納地の件に関して慶喜との交渉役にあたることになってしまった春嶽は、またしても窮地に立たされるのである。

二　薩摩藩との対決

死を覚悟した慶喜との交渉

薩摩藩が主導した政変は、会津藩・桑名藩との軍事衝突は引き起こさなかったとはいえ、その猛反発は避けられなかった。京都市中では、殺気立った会津藩士が薩摩藩士と小競り合いをはじめる。

幕臣たちに至っては言うまでもない。薩摩藩などが警備する御所へ今にも攻めかかろうという動きを、慶喜が必死に抑える状況だった。慶喜のいる二条城には幕府兵が約五千人いたが、そのほか会津藩兵や桑名藩兵もおり、城内は武装兵であふれていた。

そのようななか、翌十日に議定の慶勝と春嶽が勅使として派遣されてくる。小御所会議での決定事項を伝えるとともに、辞官・納地について慶喜と交渉にあたるためである。

二人を迎えた城内は薩摩藩に対する憤激から、あたかも仇敵を迎えるような雰囲気だった。春嶽によれば殺気が充満しており、死を覚悟したほどであった。

二人は苦しい立場に置かれていた。徳川方からは親藩でありながら薩摩藩に牛耳られた朝廷に与しているとみなされる一方で、朝廷には親藩であるから徳川方に内通するのではと絶えず疑われたからだ。

慶喜は慶勝と春嶽に対し、官位を一等下り、新政府を運営する費用として領地を返上する旨を伝え、その意向に従う姿勢を示した。ただ、幕臣たちの憤激が凄まじいため、彼らの気持ちが落ち着いてからにしてほしいと返答している。

このままの状況が続けば京都で開戦となるのは時間の問題であったが、慶喜はある行動に出た。同十二日、幕府兵と会津藩兵・桑名藩兵を連れて大坂に下向したのだ。藩主の容保と定敬も同行させた。翌十三日、慶喜は大坂城へ入城するが、薩摩藩との軍事衝突を避けるためという春嶽の勧めに従った形である。

薩摩藩は大きな衝撃を受けた。幕府兵と会津藩兵・桑名藩兵合わせて一万人近くの軍勢を連れて入城したことで、京都を経済的にも軍事的にも封鎖できる体制が整ったからである。これにより、薩摩藩や長州藩の艦船はもはや大坂湾に入れず、在京の両藩は兵士や物資の補給ルートが遮断された格好だった。大坂湾には徳川家の軍艦が集結していたのである。

つまり、慶喜が大坂城に入ったことを、薩摩藩との衝突を避けるためというよりも、その謀略とみたのだ。幕府寄りの親藩や譜代諸藩と連携し、持久戦に持ち込むことで一枚岩ではない五藩を離間させようというのではないか。薩摩藩を孤立させるための密計とみなしたが、慶喜の大坂城入りが薩摩藩に不利に働くとの見方は諸藩も共有していた。

慶喜が大坂城に入ったことで動揺したのは、薩摩藩と手を結ぶ岩倉もまた同じだった。早くも十三日に、岩倉は大久保と協議し、慶喜が慶勝と春嶽の周旋により辞官・納地を受け入れたならば議定に採用する方針を固めた。慶喜抜きの新政府人事案を作った薩摩藩でさえ、新政府入りを容認する姿勢をみせはじめたのである。

広がる薩摩藩への反発

慶喜が大坂城に入ったあと、風向きは変わってしまった。確かに、慶喜が大坂城に軍事力を集中させたことは大きかったが、このことだけで大久保や岩倉が腰砕けになったわけではない。今回の政変への批判が諸藩の間でたいへん強く、慶喜に対する強硬姿勢を取り続けると薩摩藩の孤立化を招きかねないという危惧が広がっていたのである。

十二月二十六日、北は仙台藩から南は熊本藩まで、国持大名と称される雄藩の京都留守居役が集まり、徳川家への過酷な対応を批判する文章を作成している。徳川家だけに新政府の財源として領地の返上を求めるのは不公平ではないか。外様の大藩が大半を占める雄藩に限らず、これは諸藩の総意だった。

今回の政変と慶喜の処遇をめぐって、諸藩の間に薩摩藩への批判が沸き起こっている現状には、盟友の長州藩も不安を隠せなかった。慶喜を新政府から排除するだけでなく、領地の返上を一方的に命じるなどの強硬路線を取り続ければ、薩摩藩は孤立し、いきおい長州藩まで諸藩から袋叩きに遭うのではないか。そうした空気を、大久保らも感じ取ったのだろう。強硬姿勢を取り続けることを断念し、軟化を余儀なくされたのである。

薩摩藩の強硬路線は会津藩・桑名藩はもちろんのこと、他藩からも批判を浴びたが、新政府のメンバーである春嶽にしても批判的だったのは言うまでもない。天下の公論を反映させるための諸侯会議の開催を望んでいた春嶽は、「五藩による新政府では「私議会」である。他の諸藩も新政府に迎えて「公議会」を開催しなければならない」と考えていたのだ。現状は五侯会議であり、諸侯会議ではないということである。

同じく土佐藩も批判的だった。議定の容堂は次のような建白書を朝廷に提出している。

会津藩・桑名藩が暴挙に及ぼうとしているとして、新政府は警戒などの指令をしきりに出しているが、その多くは流言に過ぎず、新政府が空騒ぎしているだけだ。五藩が御所の警備を命じられているのだから、攻めるも守るも準備は整っている。警戒令を頻繁に出すのはご遠慮願いたい。会津藩・桑名藩が御所を襲撃してくると唱えて警戒令を出すのは、両藩を挑発することにほかならず、いたずらに乱を引き起こすだけである。この件の取り扱いは、慶喜との交渉役を命じられた議定の春嶽にお任せいただきたい。

新政府を構成する五藩は一枚岩ではなかった。分裂の兆しをみせはじめていたのである。

慶喜の新政府入り内定

春嶽と慶勝が交渉役を担った慶喜の辞官・納地問題だが、辞官については内大臣を辞職して「前内大臣」と称すれば良いということになった。これで官位を一等下ると解釈するわけである。新政府の予算にも関わる納地に関しては、領地を取られる側と取る側の交渉である。その規模をめぐり交渉は難航したが、納地問題は調査の上、「天下之公論」をもって確定することで決着した。

慶喜に所領を返上させようという薩摩藩の目論見は、完全に失敗に終わった。「天下之公論」をもって確定するとの曖昧な表現に加え、返上する所領の具体的な数字も期日も明確にされなかった以上、納地問題は事実上骨抜きにされたことは明らかだった。

春嶽と慶勝は小御所会議での決定事項を一部ひっくり返してしまったのだ。春嶽はもちろん、慶喜も満足したはずである。

二十八日、慶喜はこの線で辞官・納地に関する新政府の要請を受け入れる。あとは、慶喜が再び京都に上って御所に参内すれば、議定に任命される政治日程が組まれていた。

ここに、慶喜の新政府入りが内定した。薩摩藩に対する反発の広がりを背景に、新政府のメンバーである福井藩・尾張藩・土佐藩の巻き返しは成功しつつあった。

もはや、薩摩藩も慶喜の上京そして新政府入りを拒むことはできなかったが、大久保は慶喜を支える会津藩兵・桑名藩兵を帰国させた上での上京という線は譲らなかった。幕府兵に会津藩兵・桑名藩兵を加えた軍事力を後ろ楯に、新政府の主導権を慶喜に奪われることを恐れたのである。

一方、新政府を構成する五藩の足並みの乱れを見透かしたように、大坂城まで退いた会津藩や配下の新撰組が京都南郊の伏見まで繰り出し、伏見奉行所を拠点に京都を窺う姿勢を示した。水陸交通の要衝だった伏見には朝廷の監視にあたる幕府の奉行所が置かれていたが、会津藩がこの伏見奉行所を拠点に新政府にプレッシャーをかけはじめたのだ。

危機感を募らせた大久保らは会津藩の封じ込めをはかるため、御所警備の薩摩・長州・土佐・広島各藩に対して伏見の巡回・警備を命じた。この頃には長州藩も御所の警備にあたっている。

ところが、土佐藩だけでなく広島藩まで派兵を拒否したため、伏見に向かったのは薩摩藩・長州藩のみだった。新政府内部が一枚岩でないことが、はからずも露呈してしまう。

薩摩藩・長州藩が伏見に入ったことで、会津藩や新撰組との軍事衝突の危機が高まった。伏見の町人たちは逃げ出し、開戦前夜の状況を呈しはじめるが、徳川方と薩摩藩が戦端を開いたのは上方ではなかった。遠く離れた江戸で、戊辰戦争のきっかけとなる戦いがはじまるのである。

三　鳥羽・伏見の戦い

江戸での開戦

慶喜の新政府入りが内定した頃、将軍のお膝元江戸では徳川家と薩摩藩の間で戦争がはじまる。慶応三年十二月二十五日、薩摩藩の三田屋敷で火の手が上がった。

この年の十一月頃より、江戸の治安は悪化の一途を辿っていた。幕府の消滅で人心が動揺したことに加え、市中で浪士たちによる強盗騒ぎが頻発したからだ。浪士は関東各地にも出没し、騒乱を引き起こした。彼らは薩摩藩三田屋敷を根城として、同藩の黙認のもと江戸や関東各地で騒乱を起こしていたが、薩摩藩を率いる西郷や大久保らは、徳川家を挑発して、薩摩藩に対して戦争を仕掛けさせることを狙っていた。

浪士たちが騒乱を起こせば、その鎮圧のため三田屋敷に攻撃を仕掛けてくるはずであり、薩摩藩と徳川家は交戦状態に突入するだろう。それを見越して、争乱を起こすよう浪士たちを煽動していたのだ。討幕派の首魁とみられがちな薩摩藩内部は徳川家との武力対決でまとまっていたわけではなく、むしろ逆だった。危険な賭けであるとする反対意見がほとんどだった。

だが、徳川家から戦争を仕掛けられたならば、薩摩藩は一丸となって徳川家との戦いに踏み切るはずであり、その狙いどおり、事態は進んだ。

そうしたなか、江戸城でも火の手が上がる。二十三日の早朝、二の丸御殿から出火した。同日夜には、市中取締の任にあたっていた庄内藩酒井家の屯所に浪士たちが鉄砲を打ちかけた。酒井家、同家に属していた新徴組や幕府歩兵も応戦し、浪士側は三田屋敷に逃げ込んだ。

堪忍袋の緒が切れた勘定奉行小栗忠順《おぐりただまさ》ら江戸城の留守を預かる徳川家首脳部は、二十五日早朝より庄内藩などをして三田屋敷を包囲させた。同藩屯所に発砲して三田屋敷に逃げ込んだ者の身柄引き渡しを要求させたが、交渉は決裂した。ついに、双方が戦端を開いた結果、三田屋敷は焼失した。

以後、徳川家は薩摩藩と交戦状態に入る。戦争を仕掛けられた薩摩藩は一丸となって徳川家との戦いに臨むことになった。

江戸城の徳川家首脳部は薩摩藩の三田藩邸に焼き討ちをかけると、大目付の滝川具挙《たきがわともたか》を急使として大坂に向かわせた。同日、滝川は歩兵を連れて軍艦順動丸に乗船し、早くも二十八日には大坂城へ入った。

薩摩藩討伐を唱える滝川に刺激され、城内は興奮の坩堝《るつぼ》と化した。主戦論を唱える幕府兵や会津藩などを抑え込んでいた老中の板倉らも、もはやその勢いを止められなかった。

慶喜も城内の強烈な主戦論を受け、薩摩藩討伐を決意する。「討薩の表」をみずから起草して朝廷に届けようとしたが、その文面は以下のとおりである。

十二月九日以来、新政府から発せられた指令は、朝廷の真意ではない。すべて薩摩藩内の奸臣の陰謀から出ていることは、天下の知るところである。江戸などでの強盗騒ぎも、薩摩藩士が煽動したもの。東西呼応して騒乱を引き起こす所業は、天も人も憎むところである。よって、その奸臣どもをお引き渡し願いたい。さもなくば、止むなく誅戮《ちゆうりく》を加えるまでである。

この檄文で取り上げられている奸臣が、西郷ら討幕派を指しているのは言うまでもない。文面を見る限り、主戦論に押し切られたというよりも、隠忍自重していた慶喜自身が堪忍袋の緒を切ったのが真相のようだ。春嶽や慶勝を仲介役とする交渉は慶喜有利に進んでいたが、事態は急展開をみせる。

慶喜はもとより、春嶽の人生も暗転していくのである。

朝敵に転落した慶喜

慶応四年（一八六八）元日。戊辰の年のはじまりである。新年早々、大坂城内に慶喜の率兵上京が布告された。

翌二日、大坂城に籠っていた幕府兵、会津藩兵・桑名藩兵は京都に向かって進撃を開始する。鳥羽街道と伏見街道を経由して進軍した徳川方の総勢は約一万五千。そのうち五千人が大坂に後詰の形でとどまり、一万人が鳥羽・伏見へ向かった。慶喜は幕府兵のほか戦意旺盛な会津藩兵・桑名藩兵を率いて上京し、そのまま議定に就任するつもりであった。

徳川方が大挙して京都に向かうとの報に接した新政府では、薩摩・長州・土佐・広島各藩に伏見出兵を命じるが、広島藩は出兵を辞退する。土佐藩は出兵したものの、戦意がなかった。議定の容堂が戦闘への参加を禁じたからである。今回の戦いは徳川家と薩摩藩の私戦とみなしたのだ。

結局、薩摩藩・長州藩のみが鳥羽・伏見に向かい、死力を尽くして戦った。総勢四、五千人。薩摩藩は藩主茂久が国元から連れてきた藩兵を加えて二千八百人強。長州藩は千人強ほど。実戦経験の豊富な練度の高い銃隊だったものの、薩摩藩の半分にも満たなかった。そのため、鳥羽・伏見の戦いは徳川家と薩摩藩の戦いの性格が色濃かった。容堂が両者の私戦とみなしたのもゆえなしとしないのである。

一月三日が開戦の日である。この日、大久保は岩倉に書面を送った。参与から議定に昇格していた岩倉は開戦を恐れて弱気になっていたが、大久保は以下のとおり檄を飛ばす。

十二月九日に王政復古の大号令を発したのにも拘らず、朝廷は二つの失策を犯した。今三つ目の失策を犯そうしている。

一つ目の失策とは、議定の慶勝と春嶽に慶喜との交渉役を任せたこと。徳川一門の二人に周旋させたことで、納地問題は慶喜有利に進み、事実上骨抜きとなった。

二つ目の失策は、慶喜を大坂城に引き揚げさせたこと。幕兵と会津藩兵・桑名藩兵を連れて大坂城に入ったことで、京都は軍事的にも経済的にも封鎖されて我が方は窮地に陥った。

そして、慶喜にペースを握られたまま、今回三つ目の失策を犯そうとしている。このまま会津藩兵・桑名藩兵を率いて上京するのを許し、さらに議定に任命しては新政府が牛耳られてしまうではないか。よって、上京差し止めの命を慶喜に下してほしい。

大久保の決死の覚悟に、岩倉も腹を括る。この日、徳川方が伏見まで大挙押し出してきたため京都の人心が動揺しているとして、上京を見合わせるよう慶喜に命じる沙汰書が新政府から下った。

この沙汰書に従わず、徳川方が京都に入ろうとすればどうなるのか。伏見に向かった薩摩藩・長州藩には、止むを得ない場合は朝敵として処置してよいとの指令が下った。この指令をもとに、薩摩藩は徳川方に発砲し開戦に至った。

四年前の禁門の変のとき、長州藩は京都周辺に藩兵を配置し、軍事的威圧をかけながら朝廷から入京の許可を得ようとしたが、入京は許可されなかったため強行突破をはかった。京都に乱入して御所近くにまで迫ったものの、慶喜の指揮下の薩摩藩・会津藩に撃退され朝敵に転落した。この構図が役者を替えて、同じく京都で再現されていく。かつての長州藩が徳川方で、薩摩藩・会津藩が薩摩藩・長州藩という役回りである。

慶喜との交渉にあたっていた慶勝と春嶽にも、徳川方の上京を差し止めるようにとの指令が下った。だが、二人は議定辞職を申し出ることで、この指令に抵抗したため、開戦は時間の問題となる。

この日、総裁有栖川宮は徳川方が京都に迫る緊急事態を受け、議定や参与に参集を命じた。夕刻に入り次々と集まってきたが、その後間もなく鳥羽・伏見で開戦の狼煙《のろし》が上がる。

開戦の火蓋は鳥羽街道で切られた。両軍は上鳥羽村で激突したが、薩摩藩が優勢を保ち、徳川方は下鳥羽村まで後退する。

鳥羽での開戦を受け、伏見街道でも開戦となった。伏見奉行所などを拠点とした徳川方や会津藩そして新撰組は激しい市街戦を展開したが、薩摩藩の砲撃により奉行所が火に包まれると、長州藩が奉行所に突入する。薩摩藩もこれに続き、奉行所の占領に成功した。

鳥羽・伏見の戦いの初日は、薩摩藩・長州藩の優勢という戦況だった。戦いは翌日以降も続くが、結局のところは開戦初日の戦況が勝敗の決め手となった。

開戦の報は京都にも届くが、大久保は岩倉に以下のように説いた。


このまま徳川方の入京を許せば、新政府内で薩摩藩に批判的な土佐藩などのグループが勢いを増す。王政復古の大変革も瓦解してしまう。よって、仁和寺宮を征討大将軍に任命して錦旗節刀を賜り、諸藩に慶喜討伐を布告してほしい。

大久保に再び檄を飛ばされた岩倉は、慶喜討伐の命令を布告するよう会議で主張したが、孤立無援の状態だった。春嶽や容堂らが猛反対したからである。結論が出ないまま夜を迎えたが、前線からの戦勝報告で会議の空気は一変する。その後、慶喜寄りの福井藩や土佐藩は沈黙を余儀なくされる。

薩摩藩・長州藩の「勝てば官軍」となった瞬間であった。一方、慶喜は朝廷から討伐される身となり、朝敵に転落する。以後、薩長両藩、そして岩倉の狙いどおりに事態は進行していく。

後事を託された春嶽

鳥羽・伏見の戦いは、この後数日続くが、緒戦の徳川方の敗因は、勝利を楽観視して相手を甘くみたことに尽きる。例えば、勝利を確信する徳川方は京都を東西南北から包囲する作戦を立てず、南方にあたる鳥羽・伏見から平押しに押せば、京都は占領できると考えた。倍以上の兵数があったにも拘らず、鳥羽街道と伏見街道を経由して京都に向かう作戦計画を立てた。

開戦の火蓋が切られたのは鳥羽方面で、鳥羽街道を進んだ徳川方は数の力を頼みに、装弾もせずに歩兵隊を進撃させた。戦わずして数の力で押し切れる、黙って通すはずとみたが、薩摩藩の砲撃や射撃に反撃できず、壊乱してしまう。出端を挫かれた徳川方は劣勢を立て直せないまま退却を重ねていく。かたや数の上では劣勢だった薩摩藩・長州藩は勝利を得るための作戦を練り、戦いに臨んだ。その違いは大きかった。

さらに、徳川方といっても、幕府歩兵隊、会津藩、桑名藩などの寄り合い所帯で、バラバラに戦っていた。個々に奮戦はするものの、連携の悪さを突かれる形で薩摩藩・長州藩に足元をすくわれた。両藩に勝る軍事力を有効に使いこなせず、自滅するのである。

そして、錦の御旗の効果も大きかった。開戦から三日目の正月五日の早朝、征討大将軍に任命された仁和寺宮は本陣の東寺を出陣し、鳥羽街道を南下した。錦の御旗を翻した仁和寺宮は徳川方の本営が置かれた淀城の近くまで進んだあと、戦火の収まった伏見を視察し、夕暮れに東寺へ帰還している。

この錦旗は朝廷で保管されていたものではなく、岩倉の指示のもと、大久保らが密かに用意した急ごしらえのものだったが、それでも効果は絶大だった。

官軍であることを確認した薩摩藩・長州藩は勇気百倍となる。一方、賊軍に転落したことを知った徳川方の動揺は大きく、戦意を挫かれた。これが契機となり、形勢を展望していた諸藩が雪崩を打って薩摩藩・長州藩側に馳せ参じる。徳川方は各戦線で奮戦するものの、敗色は覆い隠せなかった。大敗である。

錦の御旗が上がったことを知った春嶽は、同じ五日に茂昭宛の書面で「偽勅官軍」が大勝を得た。関東勢つまり徳川方は大敗を喫した。憤懣耐えがたいと記している。慶喜ひいては自身の実家でもある徳川宗家が薩摩藩・長州藩の陰謀により朝敵に転落させられた事実に、やり場のない怒りを爆発させたのだ。

徳川方の敗勢にとどめを刺したのが、味方と頼んだ譜代大名たちの裏切りであった。この日、前線から退却した徳川方は本営を置いた淀城を拠点に抵抗を試みたが、入城を認めてはならないという新政府からのプレッシャーに淀城を居城とする淀藩稲葉家は屈する。徳川方としては悲憤慷慨せざるを得ないが、同士討ちをはじめるわけにもいかず、淀を放棄して橋本の関門まで撤退した。

この辺りは男山と天王山に挟まれた天嶮の地だが、外様大名ながら譜代大名並みの信頼が置かれた津藩藤堂家が山崎の関門を守っていた。橋本の関門を守る徳川方は山崎の関門を守る津藩と連携し、薩摩・長州藩の攻撃を食い止める計画だった。

ところが、開戦四日目にあたる正月六日、山崎の砲台から突然、橋本の関門に向けて砲撃が開始された。新政府から藤堂家に対し、官軍たる薩摩藩・長州藩を救うよう命が下ったのだ。要するに、徳川方を攻撃せよということである。驚愕した徳川方は大混乱に陥り、薩摩藩・長州藩に橋本の関門を突破される。ついに、徳川方は総崩れとなり、慶喜のいる大坂城へと敗走していった。

相次ぐ敗報、そして錦旗が掲げられて朝敵とされたことで、慶喜は戦意を失った。六日

夜、密かに大坂城を脱出し、七日朝には軍艦開陽《かいよう》に乗って江戸へ向かったが、その際、

先供として将兵を京都に向かわせたが、行き違いにより騒然とさせてしまった。もとより天皇・朝廷に対し、自分は二心などない。しかし、天皇の御心を悩ませてしまったため、大坂城は慶勝と春嶽に預け、謹んで関東に戻ります。

という奏聞状を上申してほしいと慶勝と春嶽に依頼していた。後事を託したのであった。

だが、薩摩藩が再び主導権を握った新政府は慶喜に反撃の時間を与えないよう、次々と手を打った。まず、慶喜が海路江戸に向かった七日に、早速追討令を布告した。十日には慶喜や容保・定敬らの官位を剝奪した。鳥羽・伏見の戦いという形で火蓋が切られた戊辰戦争は江戸に舞台が移るが、春嶽は慶喜助命のため茨の道を歩むことになる。

四　慶喜助命に奔走する

慶喜、恭順の意思を伝える

江戸に戻った慶喜は和戦両様の構えを取りつつ、後事を託した春嶽に向け、鳥羽・伏見の戦いは行き違いから先供がはからずも起こしたもので、今回追討令が出されたのは甚だ以て心外の至りとする書面を正月十七日付で送った。弁解と抗議が入り交じる心情が吐露された書状だった。

十九日には、江戸城に諸藩の重役を集め、鳥羽・伏見の戦いはまったく行き違いから起きたものである。慶喜を朝敵と名指しする風聞もあるが、きわめて残念なことだ、との考えを伝えた。朝廷には恭順・謹慎のつもりだが、その意思が朝廷に届かない場合はなお取るべき道があるというわけだ。

いわば武備恭順の姿勢を打ち出したが、すでに慶喜追討を呼号する東征軍という名の新政府軍が京都を出発するスケジュールが準備されていた状況では、鳥羽・伏見の戦いは行き違いという主張が認められる見込みはまったくなかった。

慶喜のあまりにも甘い見通しに、春嶽は困惑する。急ぎ家老の本多修理《しゅり》を江戸に派遣し、説得にあたらせた。朝敵慶喜の断罪を求める新政府内の強硬な空気を告げ、謝罪に徹するよう強く求める。ようやく深刻な事態を把握した慶喜だが、親藩・譜代・外様の別に拘らず西国諸藩がこぞって新政府に帰順したことも、大きな衝撃であった。

ついに抗戦の意思を捨てた慶喜は新政府との仲介役である春嶽に向け、ひたすら謹慎し、伏して天皇の裁きを待ちたいとする書面を二月五日付で送った。弁解や抗議などの言い訳はせず、謝罪に徹することで寛大な処置を願う方針に転換したのである。

九日、慶喜は鳥羽・伏見の戦いで総督を務めた老中格大河内正質《まさただ》らの職を免じた。戦争責任を取らせたのだ。十一日には幕臣に対し不戦の意思を明らかにする。翌十二日、春嶽の弟にあたる田安徳川家の当主慶頼と津山前藩主松平斉民《なりたみ》（十一代将軍家斉の子）に江戸城を委ね、上野寛永寺に向かう。寺内の大慈院に入り、身をもって恭順の姿勢を示した。

以後、慶喜は勝海舟のほか、明治天皇には叔母にあたる静寛院宮《せいかんいんのみや》（和宮）などのルートを使って朝廷工作を必死に展開するが、春嶽には寛永寺での謹慎の件をしたためた奏聞状を送り、新政府への執り成しを求めた。

慶喜を翻意させた春嶽であったが、時すでに遅かった。春嶽が周旋に動く前に、総裁有栖川宮を大総督とする東征軍が京都を進発してしまう。慶応四年二月十五日のことである。東征軍を指揮したのは、参与から大総督府参謀に転じていた西郷隆盛だった。

春嶽は慶喜から送られた奏聞状を新政府に提出し、罪に伏して謹慎している上は東征軍の進撃を中止してほしいと願い出た。当時、春嶽は議定のほか内国事務総督を兼ねる新政府の重鎮だったが、この件は江戸へ進軍中の東征大総督府の取り扱う問題であるとして、その願いは事実上却下された。

新政府内では慶喜の断罪を求める意見が強く、もはや春嶽の主張が受け入れられる見込みはなかった。慶喜の処遇問題で、春嶽は孤立していたのである。

東征軍は東海道・東山道・北陸道の三道から江戸を目指した。沿道の諸藩に対して軍列に加わるよう命じることで、兵力を膨らませる目算であった。福井藩領を通過する北陸道先鋒総督は公卿の高倉永祜《たかくらえいきち》が務めた。

進撃中止の嘆願は却下されたものの、引き続き春嶽は慶喜への寛大な処置すなわち助命を求めて奔走した。議定から副総裁に昇格していた三条実美や岩倉具視にも掛け合うが、新政府内の反応は鈍かった。

というよりも、春嶽が朝敵となった慶喜と書面を交わすことさえ忌避されていたのが実情だった。逆徒の一味なのではないかとまで疑念を持たれていた。ついには、慶喜からの嘆願書を取り次ぐことが禁止される。

そんな春嶽の苦しい立場を慮った中根らは、しばらくの間、慶喜救済のための働きかけを控えるよう願い出ている。これ以上の周旋は、春嶽や福井藩、ひいては慶喜や徳川家の立場を厳しくするとみたからだ。家臣たちから逆効果であると諫言された春嶽は、やむなく周旋活動を断念する。

こうして、慶喜助命の問題は大総督府参謀の西郷と徳川家代表の勝海舟の直接交渉に委ねられた。そして、江戸城総攻撃を翌日に控えた三月十四日、高輪の薩摩藩邸で両者の談判が行われた。

交渉は難航するが、西郷は勝に譲歩する形で総攻撃を中止した。江戸城を明け渡し、徳川家陸海軍が持つ兵器や軍艦を引き渡す条件で、慶喜の助命も認められる運びとなった。

それから約一ヵ月後の四月十一日、徳川家は江戸城を東征軍に明け渡し、江戸城の無血開城が実行された。この日、慶喜は謹慎していた上野寛永寺を出て、新たな謹慎先の水戸へと向かった。同十五日に到着すると、そのまま藩校弘道館での謹慎生活に入った。

二十一日、東征大総督有栖川宮が江戸城に入城する。以後、江戸は新政府の管理下に置かれた。

徳川家処分と福井藩の苦悩

江戸城は無血開城となったものの、朝敵に転落した徳川家の処分問題はこれからの話であった。慶喜は助命され、徳川家の家名は存続の見通しとなったが、その相続人を誰にするか、どこの所領をどれだけ与えるのか、居城はどの城とするのかは何もまだ決まっていなかった。

当時、旧将軍家の徳川宗家は慶喜の隠居を受け、当主不在の状態にあった。十四代将軍家茂が生前、田安慶頼の子・亀之助《かめのすけ》を後継者として考えていたことから、新政府も田安亀之助に宗家を相続させて十六代目当主徳川家達《いえさと》とすることには特に異論はなかった。亀之助は春嶽の甥でもあった。

一方、徳川家に与える城・石高については様々な意見があった。春嶽は江戸城をそのまま居城とし百万石を超える所領を与えてほしいと願ったが、新政府は徳川家の移封を決める。江戸城を取り上げ、代わりに駿河・遠江《とおとうみ》などで七十万石を与えるとした。新たな居城は駿府城の予定であった。

しかし、この処分案は恭順することで寛大な処置を期待した徳川家にとっては到底、受け入れがたいものであった。江戸城を取り上げられることはもちろん、加賀藩や薩摩藩を下回る石高にまで減封されるのは承服できなかった。

新政府側も徳川家の猛反発は織り込み済みだった。武力抵抗に転じる恐れもあったが、大総督府の現状では鎮圧できる自信がなかった。

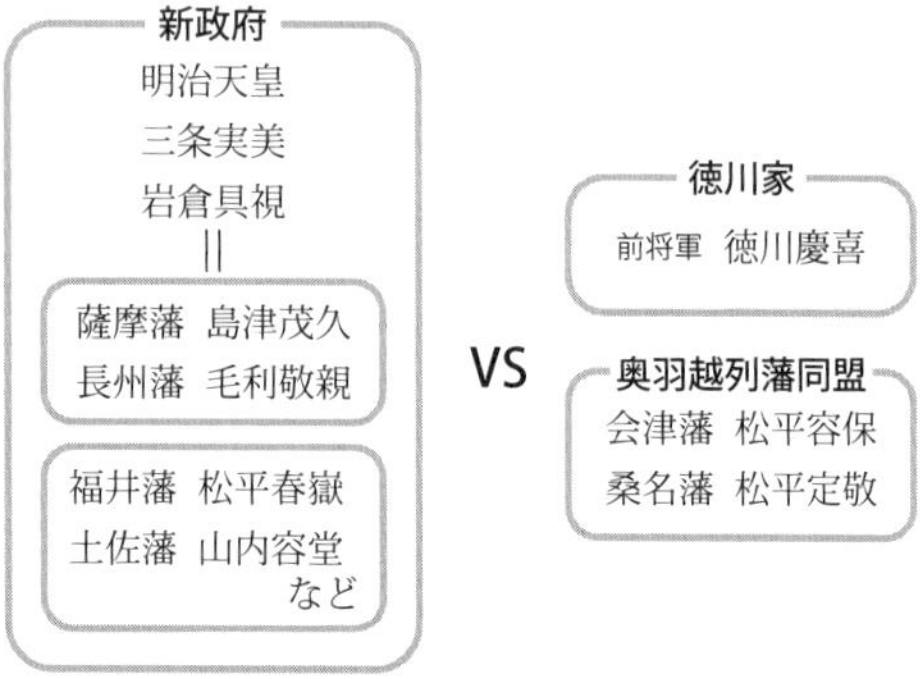

図13　幕末の勢力図（鳥羽・伏見の戦い〜江戸開城）

そのため、徳川家内の抵抗勢力が暴発しても鎮圧できる備えが整った上で、徳川家処分を公表することを決める。具体的には、寛永寺に籠って敵対姿勢を崩さなかった幕臣たちのグループ・彰義隊を武力鎮圧したあとに、徳川家を駿河七十万石に封じる旨を布告しようと目論んだ。

五月十五日、東征軍は寛永寺に向かい、一日も要せず、彰義隊を武力鎮圧する。新政府への敵対姿勢に対する処置を見せつけたあと、同二十四日に徳川家処分が公表された。牙を抜かれた徳川家は駿河移封の命に唯々諾々と従うしかなかった。

この過酷な処分は、とりわけ親藩大名や譜代大名に大きな衝撃を与えた。福井藩も非常に不満だったが、それに拍車をかける命令が新政府から下る。

江戸開城そして彰義隊の鎮圧により、新政府は江戸を軍事的にも制圧したとはいえ、東北や越後諸藩は抗戦の意思が旺盛だった。連携して奥羽越列藩同盟を結成していたが、その中核こそ春嶽が京都守護職就任を要請した会津藩であった。

福井藩内では新政府が強力に推し進める会津藩討伐に反対する意見が強かったが、新政府の一翼を担う以上、反対を貫き通すことはできなかった。そのため、藩にも出兵命令が下ると、難しい決断を迫られる（図13）。

福井藩は会津藩討伐に抵抗する藩内の意見に配慮し、征討ではなく鎮撫の名目で出兵すると申し入れたが、新政府がそんな玉虫色の表現に納得するはずもなかった。出兵を渋る福井藩への疑念が広がるのは避けられなかった。

征討のための出兵を迫られた福井藩では春嶽の辞職も検討されたが、結局新政府の命に従い、六月下旬に越後へ出兵する。譜代大名の長岡藩と激戦を重ね、越後各地を転戦したあと、会津に向かった。

九月二十二日、会津藩が降伏すると、東北での戊辰戦争はほぼ終結し、出征していた福井藩兵も帰国の途に就いた。

すでに時代は慶応から明治に改元されていた。江戸も東京に改められ、東京が将軍改め天皇のお膝元となる日も刻々と近づいていたのである。

第六章 維新後の春嶽

――福井藩の消滅

一　明治政府を去る

公議所が創設される

戊辰戦争の幕明けを告げる鳥羽・伏見の戦いを境に、春嶽は新政府での主導権を失うことになった。朝敵に転落した慶喜と徳川宗家を救うため奔走したが、親藩大名であるがゆえに、その言動には政府内から絶えず疑念が向けられた。新政府首脳の議定とはいえ、その意見はなかなか通らなかった。

一方、藩内では徳川宗家に下された過酷な処分への不満が充満していた。会津藩など奥羽越列藩同盟の討伐を命じられた際には、春嶽の辞職つまりは福井藩の新政府からの離脱も検討されるほどであった。

藩内の意見を待つでもなく、春嶽は議定の辞職を申し出ているが、新政府トップの岩倉具視からは強く慰留された。春嶽を新政府内にとどめることで、親藩大名・譜代大名の反発や不満を少しでも抑え込みたい狙いがあったのは言うまでもない。

親藩大名・譜代大名側としても、春嶽が自分たちの側に立って動いてくれることを期待した。そのため、同じく議定にとどまるよう慰留する。結局、春嶽も折れて辞意を撤回した。

春嶽は薩摩藩・長州藩など西国の外様大名が主導権を握る新政府と、野党のような存在の親藩大名・譜代大名をつなぐ貴重な存在であった。挙国一致には不可欠な存在だったのである（図14）。

図14　晩年の松平春嶽（福井市立郷土歴史博物館蔵）

幕末以来、春嶽は天下の公論を重視し続けた。これは幕府独裁の政治を否定するとともに、幕政から排除されてきた親藩大名・外様大名の意見も踏まえて議論することで国論を統一させ、挙国一致を実現するという考え方であり、「万機公論に決すべし」にはじまる五箇条の御誓文にも反映されたことはすでに述べたとおりである。

公論つまりは公議の概念が明治政府の政治理念に取り入れられたのは春嶽にとって喜ばしいことであったが、公論・公議が国政に反映されるシステムが実際に構築されなければ単なるスローガンで終わってしまう。慶応四年（一八六八）閏四月二十一日に、議政官《ぎせいかん》という形で公議政体論に基づく二院制議会が誕生するが、その裏には春嶽の尽力があったことが窺える。

議政官は上《かみ》局と下《しも》局から構成され、上局は議定と参与、下局では諸藩から推薦された貢《こう》士《し》が議員を務めた。貢士は所属する藩を代表して意見を述べることが許されており、これで天下の公論を汲み上げることが現実のものとなるはずであった。のちに貢士は公議人《こうぎにん》と改称され、藩の代表として藩論を展開していく。

翌明治二年（一八六九）三月には、各藩推薦の公議人約二百七十人が意見を述べる場として、公議所が東京の旧姫路藩邸に設置された。議長は日向高鍋《たかなべ》藩世子の秋月種樹《あきづきたねたつ》であり、議政官下局議長からの横滑りだった。

公議所は立法権を持っており、多くの法案が作成された。そこでは今後の国家制度についての議論も展開されている。これまでどおり封建制のままか、中央集権のため郡県制を採用するのかが議論されたのだ。後者の議論がのちの廃藩置県につながる。

同年七月八日の官制改革で公議所が廃止されて集議院が創設されたが、引き続き公議人が出席して藩論を展開した。公議・公論が国政に反映される場は維持されたのである。

要職を歴任する

慶応四年正月十七日、議定のまま兼任の形で内国事務総督に任命された春嶽は、二月十九日に改めて内国事務局補を兼ねたが、草創期の政府は組織の改変が目まぐるしかった。閏四月二十一日の官制改革に伴い内国事務局が廃されたため、このあと議定専任となった。

明治二年五月十四日、政府は官吏による選挙という形で増え過ぎていた議定と参与の絞り込みをはかった。これにより、議定だった諸大名や公卿の多くは免職となり、麝香間《じゃこうのま》祗候《しこう》か他職に追いやられた。

麝香間祗候とは皇居内に置かれた麝香間に隔日に祗候して国事の諮問に応じるものだが、名誉職に過ぎず、政治上の実権はなかった。

春嶽も議定を外れたが、翌十五日に蜂須賀茂韶《もちあき》の後任として民部官知事に任命された。民部官とは民政一般を管掌する役所であり、現在で言えば総務省にあたるだろう。七月八日に民部官は民部省に改称されたが、春嶽は民部卿として引き続き民政の責任者にとどまった。

八月十一日、民部省と大蔵省が名前を残したまま合併する。いわゆる「民蔵合併」だ。

これにより春嶽は大蔵卿も兼ねたが、合併には不満であった。大蔵省が民部省管掌下の租税業務を掌握するため、吸収合併したのが実態だったからだ。対等合併ではなく、春嶽は名目だけの大蔵卿に過ぎなかった。

これに抗議して、春嶽は両卿を辞職したため、元議定で宇和島前藩主の伊達宗城が後任に補された。

同二十四日、春嶽は大学別当兼侍読《じどく》に転じた。大学別当は学校行政を管掌する役所のトップで、現在で言えば文部科学大臣にあたるだろう。侍読は天皇に侍して学問を教授する学者のことだが、民部卿時代に比べると、政治的影響力は低下したと言わざるを得ない。

翌三年（一八七〇）七月十二日、春嶽は大学別当と侍読の両職を免ぜられ、名誉職の麝香間祗候となる。ようやく公職を離れ、悠々自適の生活に入った。

福井廃藩

春嶽が明治政府の要職を歴任する一方で、藩主の茂昭は公論を汲み上げる政治システムの構築を目指した。ただし、藩の実権は依然として春嶽が握っており、その承諾を取りながら進められていた。

戊辰戦争の最中である慶応四年四月十六日、藩当局は家中や領内に対して評定局の設置を通達した。評定局とは藩政を議論するために設けられた部局で、身分に縛られず、町人や農民でも意見が申し立てられるよう目安箱を置く旨も通達される。公論を汲み上げるための投書制度の創設であった。

春嶽は単に投書制度を設けるだけでなく、下院のような機関を別に設置して町人や農民に参加させることも茂昭に提案していた。下々の様子を知ることで藩政に活かせないかというわけだ。のちに政府が創設する公議所のような機関を想定していたのだろう。

政治改革のみならず、さらなる殖産興業にも努めた。政府に出仕した三岡八郎が中心となって発行した太政官札を領内の豪商や豪農に貸し付け、産業振興をはかった。その事務局として設置された惣会所は産物会所の業務を引き継いだが、明治二年三月には別に商法会所が設置され、さらなる産業振興により財政力をアップさせようと試みている。

春嶽の監督下、明治に入っても富強化の取り組みは継続されたが、その終焉は突然やってきた。廃藩置県である。

同四年（一八七一）七月十四日、全国に廃藩置県の詔書が下った。明治二年六月に政府から知藩事に任命された旧藩主たちは一斉に罷免され、東京への転居が命じられた。茂昭もその一人であった。

これにより全国は三府三百二県、その後の統廃合により三府七十二県に編成された。名実ともに全国の土地と人民が政府の支配下に入り、中央集権国家が樹立されたのだ。さらに、封建制から郡県制に移行した。

政府の廃藩置県によって、福井藩は福井県に生まれ変わった。ここに、福井藩の長い歴史は幕を閉じたのである。

二　幕末史の編纂に挑む

歴史の裏側を語る

明治三年七月に政府の役職を隠退し、名実とも隠居の身となった春嶽が最初に着手したのは、自身が経験した幕末史を書き残すことだった。十二年九月まで、約十年の月日をかけて執筆した実歴談のタイトルは『逸事史補《いつじしほ》』という（図15）。

読書好きの春嶽は古今東西の様々な書籍に目を通していたが、かねてより歴史書については思うところがあった。時の政府が歴史書を編纂する場合、都合の良いことだけを載せ、忌諱に触れるような内容は載せない。

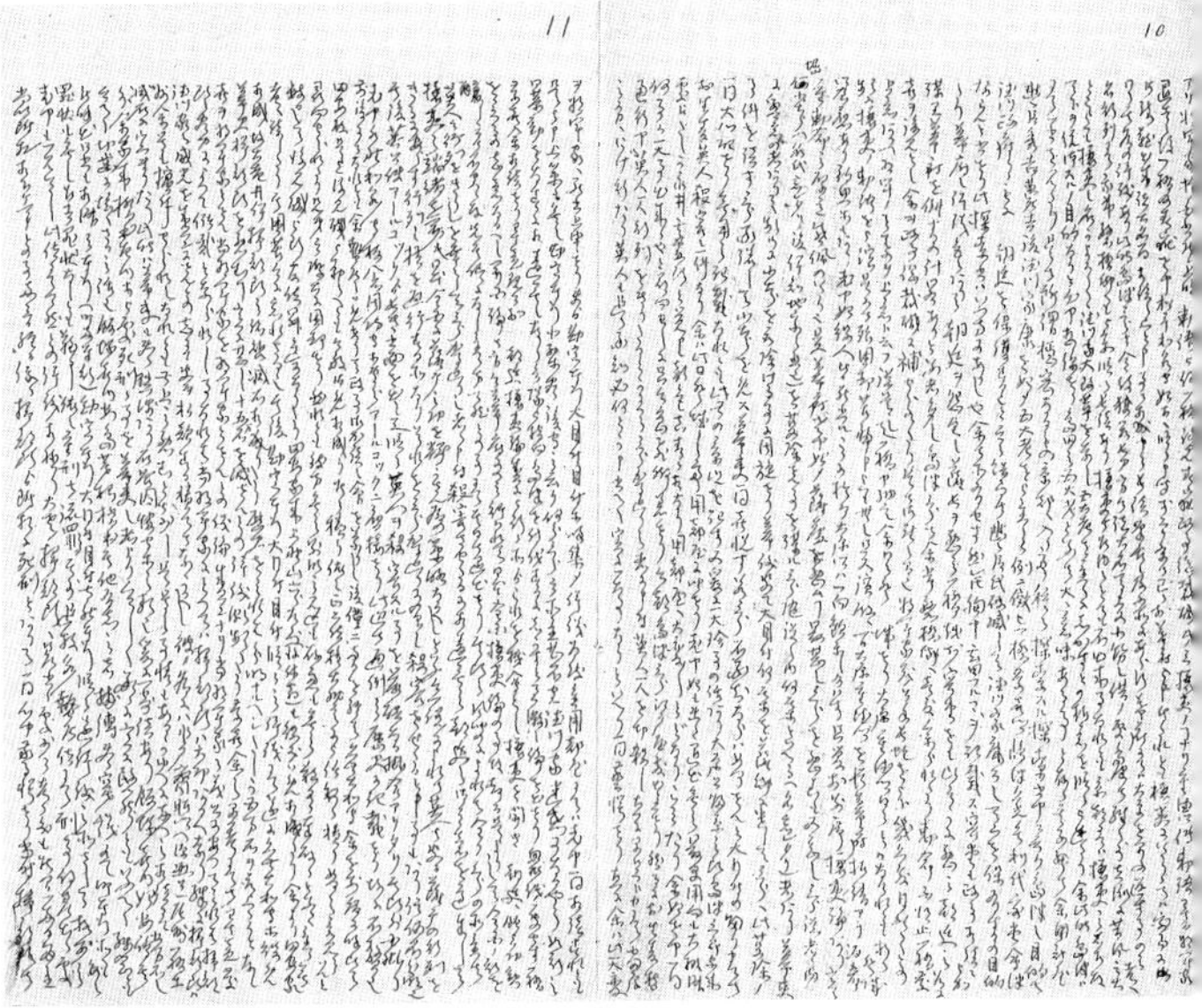

図15　松平春嶽筆『逸事史補』（福井市立郷土歴史博物館蔵）

これを遺憾とした春嶽は、のちの参考とするため、嫌疑を受けることも憚らずに記憶のまま書き記した。これは自分の本懐とするところであると冒頭で述べている。大政奉還から本論がはじまる同書では幕末史の裏側が忌憚なく語られており、様々な事件の真相を知る上での貴重な証言集となっていた。

出来事が取り上げられているだけではない。幕末史に登場する人物たちへの評価にも記述は及んだ。なかでも、春嶽にとって因縁の深い慶喜の父斉昭への辛口な評価は興味深い。

慶喜擁立のため奔走したのは、名君を将軍継嗣に据えたい志によるものである。その志自体は褒め称えられるべきことだが、結局のところは我が子を将軍に擁立したい斉昭の私欲に欺かれただけだったと、自分の取った政治行動を悔いている。擁立運動に失敗して隠居の身となったことへの悔しさもさることながら、期待したにも拘らず、慶喜に振り回され続けた自分への苛立ちも透けてくるだろう。

春嶽は徳川幕府の歴史を残すことにも熱心だった。幕府の制度や儀礼に関する編纂物としては『幕儀参考』が挙げられる。同様の意図のもと、伊達宗城らと編纂した『徳川令典録』もある。

こうした春嶽に倣ったのか、側近中の側近だった中根も『昨夢《さくむ》紀事』『再夢紀事』『丁卯《ていぼう》日記』『戊辰《ぼしん》日記』『奉答紀事』などをまとめている。当時の福井藩の動向を知る上での貴重な史料が満載で、福井藩そして幕末史の研究では必須の文献とされる。

これら編纂物からは、春嶽や福井藩が果たした歴史的役割を後世に伝えたい強い気持ちが伝わってくる。薩摩藩・長州藩が主役として描かれやすい幕末史に一石を投じたい思いを読み取ることは難しくない。

春嶽は幕末史の編纂に力を入れる一方で、もともと筆まめでもあったことから随筆や日記類も多数残している。その点、江戸時代の代表的な随筆『花月草紙』を記した松平定信と非常に似ていた。和歌も多数残したが、そこには橘《たちばなのあけみ》曙覧という歌人の存在が欠かせない。春嶽の和歌も添削した曙覧との交流からは、維新後の春嶽が教養人としての生活を楽しんだ様子も窺える。

波乱の生涯を終える

晩年の春嶽は執筆活動に精力的に取り組むほか、和歌も大いに嗜んだ。明治二十年代に入ると、二つの朗報が飛び込んだ。前者からみていこう。

一つ目は、明治二十年（一八八七）十月三十一日、春嶽の甥にあたる徳川宗家当主家達が住む千駄ヶ谷邸に明治天皇が行幸したことである。この日、天皇に従う形で徳川邸を訪れたのは第一次伊藤博文内閣の閣僚の面々である。

天皇行幸を迎えたのは家達のほか、徳川家の後見人のような立場にあった勝海舟、山岡《やまおか》鉄舟《てつしゆう》、大久保一翁の三名だった。天皇を迎えた徳川家では、邸内で流鏑馬《やぶさめ》を披露している。武家の棟梁、かつての将軍としてのプライドを政府に示したと言えなくもない。

同日、徳川邸で催された晩餐会には、かつての徳川御三家、御三卿など徳川一門の面々も陪席し、天盃を賜った。春嶽もその一人であった。

鳥羽・伏見の戦いで朝敵に転落した徳川家は、その後官位も与えられ華族にも列せられ、今回の行幸により名実ともに名誉を回復したと言える。明治政府と手打ちした格好だが、慶喜助命に奔走した春嶽にとっても、実に意義深い日だったはずだ。

二つ目の朗報は、越前松平家の爵位が伯爵から侯爵にアップしたことである。

同十七年（一八八四）七月七日、政府は華族令を発し、かつての大名や公家、そして維新の功臣たちに五段階から成る爵位を授けた。徳川宗家の家達は最高位の公爵、徳川一門では御三家に侯爵、御三卿には伯爵が授けられた。福井藩つまり越前松平家の当主茂昭は伯爵だったが、政府に運動した結果、二十一年（一八八八）一月十七日、春嶽の勲功を理由に侯爵を授けられた。

これにより、越前松平家は侯爵の御三家と同格となった。これは江戸時代を通じて、御三家の後塵を拝してきた越前松平家にとり慶事にほかならなかった。春嶽にしてみると、実家の田安家よりも爵位のランクでは上回ったのだ。

同年四月二十九日、越前松平家では旧家臣数百人を小石川屋敷に招いて祝賀会を開いた。春嶽も無上の喜びを和歌に詠んでいるが、さらに九月十日にはこれ以上の昇位はない従一位に叙せられた。さらなる喜びを得たが、翌年（一八八九）には胃癌《がん》のため病床に就く。

一年余の闘病ののち、二十三年（一八九〇）六月二日に六十三歳の生涯を終える。春嶽は今も品川の海晏寺《かいあんじ》にある松平家墓地に眠っている。

エピローグ――春嶽の歴史的役割

本書では松平春嶽そして福井藩の動向に焦点を当てることで、従来の薩摩藩・長州藩・土佐藩、あるいは幕府や会津藩が主役の幕末維新史ではみえてこない歴史を解き明かした。

春嶽が養子入りした福井藩（越前松平家）は結城秀康を藩祖とし、徳川宗家を継いで将軍になっても不思議ではない家格であった。それゆえ、幕府からは制外の家として特別扱いされたが、藩内が安定せず、改易や減封の処分を受けて、家格も低下していった。

危機感を強めた福井藩は将軍やその家族たる徳川御三卿の子を養子に迎えることで家格を上昇させ、所領を増やそうと試みた。春嶽はそんな養子の一人であった。

福井藩主となった春嶽はペリー来航に象徴される外圧を契機に、島津斉彬や山内容堂ら外様大名とともに幕政進出を試みるが、春嶽らの前には幕政を独占する譜代大名たちが立ち塞がる。将軍継嗣をめぐる争いでは大老井伊直弼に敗れ、隠居を余儀なくされた。

慶喜とともに政治的復権を遂げた春嶽は政事総裁職として幕政改革を断行する。諸大名の負担を軽減して国防にあたらせるとともに、「公論」をキーワードに親藩大名・外様大名の意見も取り入れて国論を統一させることで、挙国一致の政治体制の構築を目指した。

しかし、上京した春嶽は攘夷実行を強く求める朝廷を説得できず、追い詰められることになる。政事総裁職を辞職して国元に戻ったため、慶喜・春嶽政権は瓦解した。

その後、長州藩を後ろ楯とした攘夷論に席巻された朝廷に危機感を抱いた福井藩は、挙藩上京により攘夷を撤回させようとはかるが、実現を危ぶんだ春嶽はこの計画を中止させる。その直後、薩摩藩と会津藩による文久三年八月十八日の政変により、長州藩や過激な尊攘派公家たちは京都から追放された。

朝廷のもと幕府の影響力を排除しながら国政をリードしたい薩摩藩の島津久光からの申し出を受ける形で、春嶽ら有力諸侯は朝議に参預する（参預会議）。しかし、幕府を代表する慶喜と久光の対立により参預会議が空中分解すると、徳川家第一の親藩を自称したにも拘らず、薩摩藩との提携路線を強める。

こうして、「薩越同盟」が政局に強い影響力を及ぼすようになった。春嶽は薩摩藩と結託して、幕府に仇なす動きを企んでいるとみられてしまう。

かつては将軍継嗣に擁立しようとした慶喜との距離は広がるが、幕府が長州再征に失敗すると、春嶽は慶喜に対し、将軍の座をみずから降りて大名の列に下ることを求めた。春嶽は朝廷のもとで将軍たる徳川宗家を含めた諸侯会議の開催を想定し、徳川一門の親藩大名として、武力をもって慶喜を将軍の座から引きずり下ろす討幕論には与せなかった。

そのため、春嶽は薩摩藩が長州藩などの有力外様大名を巻き込む形で討幕も辞さない強硬路線に走ると、これ以上は提携できなかった。そもそも、外様大名と政治行動をともにすることへの幕府や親藩大名・譜代大名からの反発にも配慮しなければならなかったため、蜜月状態だった薩摩藩との距離は広がっていく。逆に慶喜との距離は縮まっていった。

将軍となった慶喜が大政を奉還すると、春嶽は土佐藩と手を結んで慶喜を新政府のリーダー格に据えることを目指したが、薩摩藩に拒絶される。春嶽の不満は募るが、大政奉還に反発する親藩大名・譜代大名の動向などを考慮し、慶喜や会津藩・桑名藩の排除を目指す新政府案に相乗りする。大政奉還をなかったことにしたくない苦渋の決断であった。

しかし、薩摩藩主導の新政府に対する諸藩の反発を背景に、春嶽は引き続き慶喜の新政府入りを目指した。春嶽や土佐藩の巻き返しが功を奏するかにみえたが、慶喜が鳥羽・伏見の戦いに敗北して朝敵に転落したことで、万事休すとなった。

春嶽は慶喜助命を求めて奔走したため、一転、新政府内から疑念を浴びた。徳川家に対する過酷な処分や奥羽越列藩同盟討伐への反発から、藩内では春嶽の辞職すなわち福井藩の新政府からの離脱も検討されたが、またしても苦渋の決断により新政府にとどまる。

のちに公職を辞して政府を去ると、自身が経験した幕末史の執筆に余生を捧げた。それは、春嶽そして福井藩が幕末史で果たした役割を後世に知らしめるための日々でもあった。

春嶽の歴史的役割とは、徳川一門の大名でありながら、公論をキーワードに徳川家独裁の政治体制ではなく、挙国一致の国家造りを牽引したことに尽きる。明治維新後は、薩摩藩・長州藩など西国の外様大名が主導権を握る新政府と、幕府を支えてきた親藩大名・譜代大名をつなぐ貴重な存在となった。その政治理念から、五箇条の御誓文、のちの議会制度につながる公議所も生まれた。そんな歴史的役割を後世に伝えたのが、春嶽や側近中根雪江が残した貴重な史料群なのである。

令和二年（二〇二〇）十一月二十二日、福井市の公益財団法人歴史のみえるまちづくり協会の招きを受け、「明治維新の経済人　由利公正と渋沢栄一」というタイトルで講演をした。講演の前には、越前松平家の居城福井城、松平家史料展示室が置かれている福井市立郷土歴史博物館などを訪ねた。

講演では春嶽や福井藩の動きについてはほとんど触れなかったが、幕末史のキーパーソンの一人である春嶽には以前より強い関心があった。徳川一門の大名でありながら外様大名とも連携して政治力を発揮する一方、身分違いの坂本龍馬を支援するなど、大名の枠にとどまらない個性を発揮した春嶽の生涯を自分なりに考察したいと思っていたからである。幸運にも、講演の依頼によって福井を訪ね、春嶽や福井藩の歴史を伝える施設や史跡を廻ったことで、春嶽をテーマにした一般書に対する思いがさらに高まった。そして今回、先学の研究成果を踏まえながらまとめたものが本書である。

幕末史において、春嶽や福井藩の動向は最近とみに注目が集まっている。本書が多くの方々の眼に触れ、さらに関心が高まることへの一助になれば幸いである。

本書執筆にあたっては平凡社新書の金澤智之編集長、編集担当の進藤倫太郎氏の御世話になりました。かつて新書を担当していただいた同社の福田祐介氏には編集部への紹介の労を取っていただいた。末尾ながら、深く感謝いたします。

二〇二一年七月

安藤優一郎

松平春嶽関係年表

年	年齢	事項
文政11年（1828）	1歳	9月2日　田安徳川家当主斉匡の8男として生まれる。幼名は錦之丞
天保9年（1838）	11歳	10月2日　福井藩16代目藩主となる。12月23日　元服して慶永と名乗る
14年（1843）	16歳	6月11日　最初のお国入りを果たす。中根雪江の補導を受けて藩政改革に取り組む
嘉永6年（1853）	26歳	6月3日　ペリー、浦賀に来航。7月3日　水戸前藩主徳川斉昭、海防参与となる。8月、参勤交代制緩和に関する意見書を幕府に提出
7年（1854）／安政元年	27歳	2月、参勤交代制緩和に関する意見書を再び提出。3月3日　日米和親条約締結。7月22日　薩摩藩主島津斉彬に一橋慶喜を将軍継嗣に擁立する構想を開陳
2年（1855）	28歳	8月14日　斉昭、政務参与となる
4年（1857）	30歳	6月17日　老中阿部正弘死去。7月23日　斉昭、政務参与辞職
5年（1858）	31歳	2月7日　老中堀田正睦、通商条約勅許獲得のため入京。3月20日　堀田、勅許獲得失敗。4月23日　井伊直弼、大老就任。6月19日　日米修好通商条約調印。6月24日　斉昭らとともに不時登城を敢行。勅許なしの調印に踏み切った井伊を詰問。6月25日　紀州藩主徳川慶福（のちの14代将軍家茂）の将軍継嗣決定が公表される。7月5日　隠居謹慎を命じられ、霊岸島中屋敷に移る
6年（1859）	32歳	8月27日　斉昭、永蟄居。慶喜、隠居謹慎となる。10月7日　藩士橋本左内、斬首となる

7年（1860）/万延元年	33歳	3月3日　井伊大老、桜田門外で討たれる。9月4日　謹慎解除。面会や文通には引き続き制限がかかる
文久2年（1862）	35歳	4月25日　赦免される。5月7日　幕政参与となる。7月6日　慶喜、一橋家を再相続し、将軍後見職となる。7月9日　春嶽、政事総裁職となる。閏8月22日　参勤緩和を骨子とする文久の幕政改革を布告。11月27日　勅使三条実美、江戸城に登城し、攘夷の実行を求める勅旨を将軍家茂に伝える。12月5日　家茂、攘夷の勅旨を奉承
3年（1863）	36歳	1月5日　慶喜入京。2月4日　春嶽入京。3月4日　家茂、入京。3月9日　総裁職の辞表を朝廷に提出。3月21日　春嶽帰国。逼塞を命じられる。4月20日　家茂、攘夷の実行期限を5月10日と奏上。5月10日　長州藩、下関海峡通過の外国船を砲撃。6月1日　大坂に上陸した老中格小笠原長行、率兵上京を目指す（淀から大坂に引き返す）。6月16日　家茂、江戸城に戻る。7月2日　薩英戦争。7月23日　福井藩、挙藩上京計画中止。8月18日　長州藩や尊攘派公家たちが朝廷から追放される。10月3日　島津久光上京。10月18日　春嶽上京。12月晦日　朝廷から朝議への参預を命じられる
元治元年（1864）	37歳	2月15日　京都守護職となる。3月21日　守護職を辞職。3月23日　朝議への参預を免ぜられる。3月25日　慶喜、朝廷から禁裏御守衛総督・摂海防禦指揮に任命される。4月23日　春嶽帰国、6月5日　池田屋事件。7月19日　京都に乱入した長州藩、薩摩藩・会津藩に敗れる（禁門の変）。7月23日　長州藩追討の勅命下る。12月27日　征長軍解兵
慶応元年（1865）	38歳	4月19日　長州再征と家茂の進発が布告される。9月21日　慶喜、長州再征の勅許を得る。10月5日　通商条約の勅許を得る

慶応2年（1866）	39歳	1月22日　薩長盟約成立。6月7日　征長軍、長州藩と開戦。6月29日　春嶽入京。7月20日　家茂死去。8月21日　朝廷から幕府と長州藩に休戦を命じる沙汰書下る。10月6日　春嶽帰国。12月5日　慶喜、将軍となる。12月25日　孝明天皇崩御
3年（1867）	40歳	4月16日　春嶽上京。5月14日　春嶽ら四侯、二条城で慶喜と対面。5月24日　兵庫開港と長州藩処分の勅許が下りる。5月29日　薩摩藩、長州藩との連携強化を決める。6月22日　薩土盟約成立。8月9日　春嶽帰国。10月14日　慶喜、大政奉還。薩摩・長州藩に討幕の密勅が下る。11月8日　春嶽入京。11月23日　薩摩藩主島津茂久、率兵上京。12月9日　王政復古の大号令を受けて新政府樹立。春嶽、議定となる。小御所での会議。12月10日　春嶽と徳川慶勝が勅使として二条城に赴く。12月13日　慶喜、大坂城に入る。12月25日　薩摩藩三田屋敷焼き討ち。徳川家と薩摩藩の開戦
4年（1868）／明治元年	41歳	1月3日　鳥羽・伏見の戦いはじまる。1月6日　慶喜、大坂城脱出。1月7日　朝廷、慶喜追討令を下す。1月12日　慶喜、江戸城帰還。1月17日　春嶽、内国事務総督兼任。2月5日　慶喜、春嶽に恭順の意思を伝える書簡を送る。2月12日　慶喜、寛永寺に謹慎。2月15日　東征大総督有栖川宮、京都進発。2月19日　春嶽、内国事務局補兼任。3月14日　江戸城総攻撃中止。4月11日　江戸開城。5月15日　彰義隊の戦い。5月24日　徳川家、静岡70万石に封じられる。9月22日　会津藩降伏
明治2年（1869）	42歳	5月15日　民部官知事となる。6月17日　版籍奉還により藩主茂昭が知藩事となる。7月8日　民部卿となる。8月11日　大蔵卿を兼任。8月24日　両卿を辞して大学別当兼侍読となる

3年（1870）	43歳	7月12日 大学別当兼侍読を免ぜられ、麝香間祗候となる。この年より、『逸事史補』の執筆開始
4年（1871）	44歳	7月14日 廃藩置県により福井藩は福井県となる
17年（1884）	57歳	7月7日 華族令により越前松平家当主の茂昭が伯爵となる
20年（1887）	60歳	10月31日 明治天皇が徳川家達邸に行幸
21年（1888）	61歳	1月17日 茂昭が侯爵となる
23年（1890）	63歳	6月2日 逝去

参考文献

青山忠正『明治維新と国家形成』吉川弘文館、二〇〇〇年
安藤優一郎『「幕末維新」の不都合な真実』ＰＨＰ文庫、二〇一六年
安藤優一郎『大名格差』彩図社、二〇二〇年
家近良樹『人物叢書 徳川慶喜』吉川弘文館、二〇一四年
川端太平『人物叢書新装版 松平春嶽』吉川弘文館、一九九〇年
久住真也『幕末の将軍』講談社選書メチエ、二〇〇九年
佐々木克『幕末政治と薩摩藩』吉川弘文館、二〇〇四年
高木不二『幕末維新の個性２ 横井小楠と松平春嶽』吉川弘文館、二〇〇五年
圭室諦成『人物叢書新装版 横井小楠』吉川弘文館、一九八八年
角鹿尚計『由利公正』ミネルヴァ書房、二〇一八年
中根雪江『続再夢紀事』一、東京大学出版会、一九七四年
中根雪江『奉答紀事――春岳松平慶永実記』東京大学出版会、一九八〇年
奈良勝司『明治維新と世界認識体系』有志舎、二〇一〇年
『福井県史 通史編４ 近世２』福井県、一九九六年
『福井県史 通史編５ 近現代１』福井県、一九九四年

『福井市史 通史編2 近世』福井市、二〇〇八年
『福井市史 通史編3 近現代』福井市、二〇〇四年
福井テレビ取材班編『橋本左内――時代を先取りした男』扶桑社、二〇一九年
町田明広「幕末維新史研究における越前藩史書の重要性について――薩摩藩研究を事例として」『福井県文書館史料叢書』十四、二〇一八年
町田明広「長州藩処分問題と薩摩藩――幕府・越前藩関係を中心に」『神田外語大学日本研究所紀要』十一号、二〇一九年
『松平春嶽全集』第二巻、原書房、一九七三年
『松平春嶽未公刊書簡集』思文閣出版、一九九一年
丸山雍成『参勤交代』吉川弘文館、二〇〇七年
三上一夫『幕末維新と松平春嶽』吉川弘文館、二〇〇四年
三上一夫・舟澤茂樹『松平春嶽のすべて』新人物往来社、一九九九年
三谷博『維新史再考』NHKブックス、二〇一七年
本川幹男ほか『幕末の福井藩』岩田書院、二〇二〇年
母里美和『幕末維新の個性6 井伊直弼』吉川弘文館、二〇〇六年
山口宗之『人物叢書新装版 橋本左内』吉川弘文館、一九八五年

【著者】
安藤優一郎（あんどう ゆういちろう）
1965年千葉県生まれ。早稲田大学教育学部卒業、同大学大学院文学研究科博士後期課程満期退学。文学博士。JR東日本「大人の休日倶楽部」など生涯学習講座の講師を務める。主な著書に『明治維新――隠された真実』『河井継之助―近代日本を先取りした改革者』『お殿様の定年後』（以上、日本経済新聞出版）、『幕末の志士 渋沢栄一』（MdN 新書）、『渋沢栄一と勝海舟――幕末・明治がわかる！ 慶喜をめぐる二人の暗闘』（朝日新書）、『将軍家御典医の娘が語る江戸の面影』『大江戸お寺繁昌記』（ともに平凡社新書）などがある。

平　凡　社　新　書　９　８　２

越前福井藩主 松平春嶽
明治維新を目指した徳川一門

発行日――2021年8月10日　初版第1刷

著者――安藤優一郎
発行者――下中美都
発行所――株式会社平凡社
東京都千代田区神田神保町3-29　〒101-0051
電話　東京（03）3230-6580［編集］
東京（03）3230-6573［営業］
振替　00180-0-29639
印刷・製本―株式会社東京印書館
DTP――株式会社平凡社地図出版
装幀――菊地信義

ISBN978-4-582-85982-9
NDC 分類番号210.58　新書判（17.2cm）　総ページ232
平凡社ホームページ　https://www.heibonsha.co.jp/